大学生入学教育与职业发展规划

主　编　崔邦军　薛运强
副主编　潘正辉　陈　样　姚民强　亢昌源
参　编　邱　云　龙　星　戚百旺　钟彦平

北京理工大学出版社
BEIJING INSTITUTE OF TECHNOLOGY PRESS

版权专有　侵权必究

图书在版编目（CIP）数据

大学生入学教育与职业发展规划/崔邦军，薛运强主编. —北京：北京理工大学出版社，2018.9（2022.8重印）

ISBN 978-7-5682-6291-0

Ⅰ. ①大… Ⅱ. ①崔… ②薛… Ⅲ. ①大学生-入学教育 ②大学生-职业选择 Ⅳ. ①G645.5 ②G647.38

中国版本图书馆 CIP 数据核字（2018）第 204574 号

出版发行 / 北京理工大学出版社有限责任公司
社　　址 / 北京市海淀区中关村南大街 5 号
邮　　编 / 100081
电　　话 / （010）68914775（总编室）
　　　　　　（010）82562903（教材售后服务热线）
　　　　　　（010）68944723（其他图书服务热线）
网　　址 / http://www.bitpress.com.cn
经　　销 / 全国各地新华书店
印　　刷 / 涿州市新华印刷有限公司
开　　本 / 787 毫米 × 1092 毫米　1/16
印　　张 / 12.5　　　　　　　　　　　　　　　　责任编辑 / 梁铜华
字　　数 / 295 千字　　　　　　　　　　　　　　文案编辑 / 梁铜华
版　　次 / 2018 年 9 月第 1 版　2022 年 8 月第 6 次印刷　　责任校对 / 杜　枝
定　　价 / 36.00 元　　　　　　　　　　　　　　责任印制 / 施胜娟

图书出现印装质量问题，请拨打售后服务热线，本社负责调换

前　言

　　评价一个人往往是多元的。它不仅仅对学习成绩提出要求，还对体育、文艺、社交、组织等方面的才能提出要求，因而评价的标准也不是一维的，而是多维和全方位的。大学是新的起点，进入大学，每一个学生都将经历一个重新评价自己与他人、重新确立对自己看法的过程。大学为青年朋友提供了一个全新的坐标系统。大学新生想让自己在这个大熔炉里炼成一块成色十足的纯钢，就必须尽快适应大学生活，为自己提出新的目标。

　　大学生入学面临着适应新环境、学习新知识、掌握新技能等诸多从未遇到的问题，同时，大学生毕业后就业难也已经成为全社会关注的难题。大学生一方面要适应大学生活，掌握大学生应掌握的知识和技能，另一方面要规划好自己的未来，为职业发展打下良好的基础。

　　本书从绪论、初识大学、大一探索、大二定向、大三冲刺、迎接未来六个方面对大学生适应大学生活、规划大学学习生活、心理健康及职业发展等方面进行了详细的指导教育，让大学生不但能够尽快适应大学，更能够规划大学、导航大学，从而在大学中进行职业发展的规划；从导航教育、反思教育、总结规划等方面指导，让大学生不再迷茫；从入学到适应大学，从专业学习到社会实践，从职业发展到创业就业进行了全面深刻的教育指导。

　　本书由崔邦军、薛运强担任主编，潘正辉、陈祥、姚民强、亢昌源担任副主编，邱云、龙星、戚百旺、钟彦平参编。他们都是从事思想政治工作、心理健康教育、学生管理工作的教育工作者，他们长期工作在学生中间，对学生们的思想状况、心理状况、学习生活及就业创业中存在的问题都了然于胸，这些为本书的写作奠定了坚实的基础，他们的殷殷之情、拳拳之心更是体现在他们完成本书写作的过程中。同时，本书在编写过程中也得到了学院各级领导、同仁的大力支持与帮助。本书还参考了大量的国内外著作、教材等文献，在此一并表示感谢。

　　由于编者水平有限，加之时间仓促，书中难免存在一些不足和缺陷，敬请各位读者提出宝贵的意见和批评，以促进我们进一步改进和提高，并愿读者能从本书中受益。

目 录

第一章 绪 论 ·· 1
  第一节 大学带给你什么 ·· 1
    一、你能给自己带来什么 ·· 1
    二、大学能给你带来什么 ·· 4
    三、你能给学校带来什么 ·· 5
    四、知识导航 ·· 6
  第二节 走好大学第一步 ·· 7
    一、自我再认识 ·· 7
    二、学会适应 ·· 10
    三、学会发展 ·· 12
    四、知识导航 ·· 14
  第三节 志存高远 脚踏实地 ·· 14
    一、做有理想、有目标的大学生 ·· 15
    二、做有技术、有担当的大学生 ·· 17
    三、知识导航 ·· 19

第二章 初识大学 ·· 21
  第一节 熟悉大学 ·· 21
    一、我的介绍 ·· 21
    二、我的认识 ·· 22
    三、我的班级 ·· 22
    四、我的寝室 ·· 23
    五、其他信息 ·· 24
  第二节 回顾家庭 ·· 24
    一、家庭再认识 ·· 25
    二、家族职业树 ·· 25
    三、第一封家书 ·· 27
  第三节 认识自我 ·· 28
    一、成长故事 ·· 28
    二、自我评价 ·· 29
    三、我的理想 ·· 30
    四、生涯愿景 ·· 31
    五、生涯幻游 ·· 32

第三章　大一探索 ... 35

第一节　远近高低各不同——大学与中学的不同 ... 35
一、培养目标不同 ... 35
二、学习内容不同 ... 35
三、学习方式不同 ... 36
四、课余生活不同 ... 36
五、知识导航 ... 36

第二节　不识庐山真面目——关于大学的几种误区与对策 ... 37
一、大学是"象牙塔" ... 37
二、大学是"保险箱" ... 38
三、大学是"游乐场" ... 38

第三节　春江水暖鸭先知——你可以为大学做的准备 ... 39
一、学会做人 ... 39
二、学会求知 ... 40
三、学会劳动 ... 40
四、学会生活 ... 40
五、学会健体 ... 40
六、学会审美 ... 41
七、学会合作 ... 42
八、学会创新 ... 42

第四节　学年盘点 ... 44
一、自我评估 ... 44
二、组织评估（360°检测） ... 45
三、反思总结 ... 45
四、调整修正 ... 46

第四章　大二定向 ... 47

第一节　学年规划 ... 47
一、大一反思 ... 47
二、大一目标审定 ... 48
三、大二目标确定 ... 49
四、大二目标分解 ... 50

第二节　专业学习 ... 52
一、大一专业学习自我盘点 ... 53
二、大二学习生活确定目标 ... 54
三、大二反思总结调整修正 ... 55

第三节　社会实践 ... 55
一、大一社会实践自我盘点 ... 56
二、大二社会实践行动策略 ... 56

  三、大二社会实践目标总结及调整修正 …………………………………… 57
 第四节 健康管理 ……………………………………………………………… 60
  一、健康管理与规划 ………………………………………………………… 61
  二、大二身体健康目标与实施措施 ………………………………………… 62
  三、心理调节与规划 ………………………………………………………… 62
 第五节 情感管理 ……………………………………………………………… 66
  一、情感误区 ………………………………………………………………… 67
  二、情感管理大盘点 ………………………………………………………… 69
  三、亲情 2 + 1 ……………………………………………………………… 70
  四、友情 ……………………………………………………………………… 71
  五、爱情 ……………………………………………………………………… 73
 第六节 时间管理 ……………………………………………………………… 85
  一、自我盘点 ………………………………………………………………… 85
  二、行动策略 ………………………………………………………………… 87
  三、调整修正 ………………………………………………………………… 87
 第七节 职场实习 ……………………………………………………………… 89
  一、目标设计 ………………………………………………………………… 89
  二、行动策略 ………………………………………………………………… 89
  三、反思总结 ………………………………………………………………… 95
 第八节 学年盘点 ……………………………………………………………… 97
  一、自我评估 ………………………………………………………………… 97
  二、调整修正 ………………………………………………………………… 99

第五章 大三冲刺 …………………………………………………………………… 100
 第一节 实施生涯规划 ………………………………………………………… 100
  一、自我评估 ………………………………………………………………… 100
  二、生涯目标 ………………………………………………………………… 102
  三、职业评估 ………………………………………………………………… 103
  四、未来定位 ………………………………………………………………… 104
  五、生涯规划 ………………………………………………………………… 105
  六、评估与反馈 ……………………………………………………………… 106
 第二节 大三生涯准备 ………………………………………………………… 106
  一、认清大学生涯规划的误区 ……………………………………………… 107
  二、树立生涯规划意识 ……………………………………………………… 107
  三、培养自身职业素养 ……………………………………………………… 109
 第三节 通往毕业之路 ………………………………………………………… 113
  一、大二盘点 ………………………………………………………………… 113
  二、大三规划 ………………………………………………………………… 114
  三、学习规划 ………………………………………………………………… 116

四、健康规划 ……………………………………………………… 119
　　五、情感规划 ……………………………………………………… 123
　　六、时间规划 ……………………………………………………… 126
　　七、职前准备 ……………………………………………………… 131
　　八、创业探索 ……………………………………………………… 162

第六章　迎接未来 ………………………………………………………… 166
　第一节　阳光成长　健康成才 …………………………………………… 166
　　一、大学生的整体健康观 …………………………………………… 166
　　二、大学生的多元成才观 …………………………………………… 167
　　三、大学生健康与成才的关系 ……………………………………… 170
　第二节　成长有路　成才有径 …………………………………………… 172
　　一、提倡大学生健康生活方式 ……………………………………… 172
　　二、关注自身心理健康 ……………………………………………… 172
　　三、提高社会适应能力 ……………………………………………… 174
　　四、树立正确的道德观 ……………………………………………… 175
　第三节　回顾大学　迎接未来 …………………………………………… 177
　　一、大学生活回顾 …………………………………………………… 177
　　二、大学生活留言 …………………………………………………… 178
　　三、初入职场探索 …………………………………………………… 179
　　四、职业生涯规划 …………………………………………………… 184
　　五、大学毕业寄语 …………………………………………………… 190

参考文献 …………………………………………………………………… 191

第一章 绪 论

蔡元培指出:"大学者,囊括大典,网罗众家之学府也。"

大学是培养人才的基地,具备以下几种社会职能:培养人才,发展科学,服务社会。大学走向综合化、多科化,开始与社会各个领域全面合作,成了社会生活的中心。每一个大学生在学校扮演着相同却又不同的角色。相同在于都是为求知而进入大学的大学生,大家人人平等,身份地位都是没有区别的。不同之处在于,每个人定位不一样,发展途径不一样,甚至进入的大学也不一样……有的同学在大学三年里碌碌无为,过一天算一天,上大学就是为了那一纸证书;有的同学到了大学缺乏自我约束能力,自暴自弃,最终事与愿违;有的同学在大学求学若渴,除了学习更高层次的科学文化知识,还积极参加学校活动和社会实践活动,学习做人做事的道理和社会实践经验,为走好今后的人生路打下良好的基础。大学里流行这样一句话:"大一的同学不知道自己不知道;大二的同学知道自己不知道;大三的同学不知道自己知道……"这段在大学里广泛流传的话概括了大学生大学期间的成长过程。对于即将走上大学征程的同学们来说,了解大学可以为你们的梦想起飞做好准备,好的开始是成功的一半。走好大学第一步可以让脚下的路走得更稳更快,而成为一个全面发展的人是顺利走向明天的保证。

第一节 大学带给你什么

"十年磨一剑,一朝露锋芒。"这句话对于亲历过高考这个战场的莘莘学子来说,绝非虚言。流下汗水,收获欢颜。如果你通过了这场考验,那么恭喜你,因为你拿到了人生旅途中又一张通行证:欢迎你,来到大学。

正如作家柳青所说:"人生的道路是很漫长的,但要紧处常常只有几步。"而大学恰是人生中最要紧的一处。

一、你能给自己带来什么

大学带给你什么?在思考这个问题之前,应该先考虑一下:你能给自己带来什么?

即将踏入大学校园的你,正是风华正茂,弱冠之年。这个年纪,在古时候是要行冠礼以示成年的。今天看来,步入大学其实也可算是一个成人仪式。这里的"成人"有多重含义。

(一) 成为一个独立思考的人

现在的新一代大学生的成长路程大致相同,都是经历了小学、初中、高中等阶段。而今,你们这代人是大学生了,大学会有所不同吗?

曾经,你们在学校的教育下按部就班地成长,听老师的话,做好孩子、好学生,做"对"的事,做老师家长希望你们做的事。你们在师长的辛勤培育下,羽翼渐丰。到了大学,你们不再是雏鹰了,一个广阔的天地展现在你们面前,你们要独自翱翔了。

人生总有这么一个时候，你会觉得此前的人生有哪些地方不对，会对自己以前的活法产生怀疑。这一时刻越早到越好，因为这说明你开始独立思考了。有点怀疑精神是一个人独立思考的前提。

法国哲学家笛卡儿甚至提出要"怀疑一切"。笛卡儿认为真正的科学出发点是怀疑，必须怀疑一切被信以为真的，甚至一般承认是真理的东西。怀疑本身不是目的，而是为了保证认识的基础绝对可靠，通过思考，把以前潜入心灵的一切错误思想拔除干净。他所强调的这种怀疑精神，对摆脱旧的传统思想的束缚有着明显的积极意义。

这种怀疑精神无疑是富有创造力的。把自己的生活整体重新审视一下，引来新鲜的泉水，洗涤思想的尘埃，还自己一个明朗宇宙、清亮世界。"水满则溢，月盈则亏"，道家哲学早已告诉我们这个道理：只有虚心，才能学到更多知识。虚心，就是不自满，清空陈旧的思想观念，腾出空间，这样新的思想泉水才能涌进来。

然后，在怀疑的基础上重新建立自己的世界观，坚持独立思考。不唯书，尽信书不如无书；不唯师，吾爱吾师，吾更爱真理。让怀疑的态度与批判的眼光成为一种生活的习惯。

如果大一新生能有这种自觉的思考，那么未来的三年，你相当于拥有了一份行动指南，有了一种高屋建瓴的优势。

(二) 成为一个自主学习的人

谈到大学与中学的最大不同，大概就是这一点了：中学时有人管着你学习，大学里则主要是自学。

在大学里，虽然有各科老师、辅导员，但大学与中学不同的教育模式决定了你必须首先学会自学。在这里，学与不学都是你自己的事。换句话说，就是你得自己操心自己的事情了。大学只是给你提供了一个学习的空间。至于你怎么利用这个空间，没有人手把手地教你了。有很多大一新生，认为终于逃脱了高中繁重的课业、老师的啰唆、父母的唠叨，终于可以放松了。拿破仑说过一句很经典的话："你有一天将遭遇的灾祸是你某一段时间疏懒的报应。"一个学期过去了，没去过几次图书馆，该学的知识没学到，一考试就不及格。即使这个时候你迎头赶上，那些未雨绸缪的人也已经落你好大一截距离了。你要是自制能力不行，还继续混下去，那么只会越混越空虚。不是说不能放松，该认真学习的时候还是要认真学习。毫无疑问，这是一个长江后浪推前浪的竞争时代，不努力只能被淘汰。

我国著名教育家叶圣陶说："什么是教育？简单一句话，就是要养成良好的习惯。"这一点，中小学老师们功不可没，"端正学习态度，养成良好的学习习惯"是老师们经常唠叨的话。叶圣陶还说，"德育就是养成良好的行为习惯""智育就是养成良好的学习习惯""体育就是养成良好的锻炼习惯"。俄国教育家乌申斯基说："教育的任务就是培养性格，而性格是由天赋的倾向性及从生活中获得的信念与习惯形成的。"总之，一切教育都可归结为养成良好习惯。习惯的养成，说到底，就是从被动到主动的学习过程。必须经由一个从他律到自律的转变，学习才能内化为你的生命需要，成为生活中不可或缺的一部分。平常所说的"活到老，学到老"，也是这个道理。子曰："克己复礼为仁。"这里的"克己"，就是对自我的一种约束。孔子认为只有通过对自我的约束才能向理想的人生境界靠拢。学习也一样，一旦把自主学习养成一种习惯，你全身的细胞就被激活了。这些细胞会长出触手来，从外界吸纳各种新的见解、新的知识。

科学与文学是人类精神领域的两大高峰，一种致力于自然探索的努力和一种致力于人自身灵魂的探索，但它们并不是截然分开的。它们的终极目的是一致的：探索人类的奥秘，追问人类的命运。因此，文科的学生应该大量阅读文学、历史、哲学等方面的书籍，同时还要有科学精神。科学精神在西方就是一种人文精神，也是一种哲学精神。它源于惊异，是一种对未知的探索精神。学理工的，不要限于把专业理解为一种技术手段，而要从中领悟科学精神；同时也不要局限于自己的专业，要读些文史哲方面的书籍。不囿于条条框框，以开放的心态悦纳知识，才能称得上是一个有探索精神的人。一个缺乏探索精神的人，不能从生活中领悟新的风景，那将是很可怕的事。

"苟日新，日日新，又日新。"商汤曾把这句箴言刻在自己洗澡的盆子上，以示自警。刻在洗澡盆子上当然大有深意，商汤认为洗濯自己的心灵来去除恶的东西，就像沐浴身体去除污垢一样。澡要天天洗以净身，心灵也要常常拂拭。从汤王那里可以认识到，时时更新自己的知识是多么重要。知识的更新就是生命的更新，就是人精神的再生。当吸纳新知识成了一种习惯，学习就变成了一种快乐。不再是别人逼着你学，而是出于精神的需要主动去学。

（三）成为一个自由发展的人

当代哲学家冯友兰先生曾提出一个观点：中国大学应该"以哲学代宗教"。这里讲的哲学不仅仅是哲学专业，还可以指每个人本质上都有的哲学的一面。哲学就是怀着乡愁的冲动到处寻找精神家园。在大学里应当把每个人的哲学的一面发挥出来，即使你是学理工科的，也应当把你学习的理工专业提升到哲学层面上来。众所周知，著名的物理学家爱因斯坦同时也是一位哲学家，他喜欢阅读哲学著作，并从哲学中吸收思想营养，用于物理学研究。而文艺复兴时期的天才达·芬奇更是思想深邃，学识渊博，多才多艺，在艺术领域和自然科学领域都做出了杰出贡献。画家、寓言家、雕塑家、发明家、哲学家、音乐家、医学家、生物学家、地理学家、建筑工程师和军事工程师等，任何一个头衔加之于他都名副其实。由此可获得启示，知识是触类旁通的。不管学习什么专业，一定不要松懈对自身人文素质的培养，人文修养应该是贯穿人一生的要务。

大学阶段正是一个人构建人生观的最佳时机。大学学习的过程应该是一个人格养成的过程。进入大学之前，极少有人能完成自己的人格塑造，很多人的心理还停留在青春的躁动期，对于人生还是一片迷惘。而进入大学，你们就不能再是懵懵懂懂的小孩子了。成人仪式已过，你驾驶人生之舟进入一片新的海域，而舵手就是你自己，你是你自己的船长。如果在大学期间还不能完成这个塑造，那你以后的人生将难以想象。

尼采在《查拉图斯特拉如是说》一书中提出人生的三个阶段：骆驼、狮子、婴儿。在这里，尼采把人生的精神状态借助三个具象表达出来。骆驼指盲目信赖，崇拜随便哪个比自己强的人；狮子指怀疑一切，在无神的荒漠中独行；婴儿指不带偏见，全新的创造。沙漠中的骆驼，背负重物，温顺，听话，就像背着沉重书包的中小学生。而狮子，勇敢无畏，在漆黑的夜晚，啸傲黑暗的森林，它绝对不惮于发出自己的吼声。婴儿呢，纯洁天真，近乎透明，看似无力，却预示着新生。理想的状态当然是婴儿，它象征着人的创造力的勃发。对照自己，看看你是处于哪个阶段吧。

如果你对以上三点有清醒的认识，那么恭喜你，在这次新的航行中，你已经站在前列了。你将以一个绝佳的精神状态进入大学这片水域，你是你自己的船长。

二、大学能给你带来什么

大学，这神圣的知识殿堂，能给你带来什么呢？

（一）生活的质变

人的成长就像一个圆，从一个小小的句号，长成一个漂亮的圆圈。圆圈的直径越大，周长越大，与外界的接触面就越大。而你的圆圈就是你的舞台。

来到大学，你的天地变大了，你的视野又开阔了一圈。在大学，学习仍然是重头戏，但大学的学习跟中学的不一样了。你不仅要在课堂上学习知识，还要从课外学习。大学里会有各种社团活动、各种社会实践、各种实习兼职等，让你眼花缭乱。选择一些适合自己的社团，并要确定学有所得。从这些第二课堂中，你能学到如何与人相处，强化某项技能，提高自己的综合能力。更重要的是，在感受丰富多彩的生活的同时，你在成长。

珍惜三年的大学时光吧。那是与青春有关的日子，永远不能再重来！初入大学的新生，不妨跟师兄师姐们多交流，听一听他们的感受。有很多人是兴冲冲而来，三年后却抱憾而去。如何让这三年不虚度，在大一入学时就要好好规划一番。三年时间，如果把握得好，足够让你从毛毛虫蜕变成美丽的蝴蝶。

（二）学习的革命

中学是一种基础教育，进入大学，才是专业教育。大学是专业的学习阶段，也是为以后的职业生涯做准备的阶段。不过一切知识原本是相通的，各个专业是人为划分的，所以不能因为专业的划分就限制了自己的学习视野。不能学了理工就只知专业技术，学了文科就不再关注科学前沿。"海纳百川，有容乃大。"要用一种开阔的眼光来学习知识。

在大学最重要的是学什么呢？学做学问，学做人。蔡元培先生接任北京大学校长期间，提出了全新的教育思想。他认为大学的性质在于研究高深学问。他提倡学术自由，科学民主。他还认为大学教育必须上升到世界观教育的高度。康德认为，世界分为现象世界和实体世界两部分。进行世界观教育其实就在于培养人对现象世界持超然态度，对实体世界则抱积极进取态度。这种世界观教育以发展个性的自由为目的，鼓励学生在学习中培养自己的兴趣，发现自身的独特性。

曾任清华大学校长的梅贻琦有一句名言："大学者，非大楼之谓也，乃大师之谓也。"其核心意思就是一所大学的名气是由大师级的老师造就的，大师是一所大学的软实力。能称得上大师的，就不仅是因其学识渊博，更是因其人格魅力能深深影响大范围的人。在大学里，也许能碰上影响你一生的老师。很多人都是未经雕琢的璞玉，往往只是缺少一根点化的手指。专业课老师是你进入本专业领域的引路人，但师傅领进门，修行在个人。孔子弟子三千，称得上贤人的也就七十二人。

不仅要从老师那里学习，也要从周围的同学那里学习。正所谓，三人行，必有我师焉。

在大学里，图书馆是知识的圣地。如果把大学称为象牙塔，那么图书馆应该就是那塔里最闪耀的一颗宝石。阿根廷作家博尔赫斯曾有这样美妙的诗句："我心里一直都在暗暗设想，天堂应该是图书馆的模样。"天堂是人类向往的精神归宿地，而图书馆是世间实实在在的精神乐园。

当你站在图书馆那一排排长长的书架前时,你有没有眩晕的感觉?当你的手指掠过那一排排书脊,你有没有沮丧的感觉?如果有,那就对了。大家都知道庄子说过"吾生也有涯,而知也无涯"的话,庄子接着还说"以有涯随无涯,殆已"。人的生命是有限的,而知识是无穷的,以有限的生命去追求无穷的知识,就会搞得精疲力竭。庄子那个时候就认识到有限面对无限的焦虑感,何况现在知识更新的速度是一日千里,信息爆炸式地呈现!这就有一个利用知识的方法问题。具体到读书的方法,大致可分为蚕食与鲸吞两种,通俗地说,就是精读与泛读。读书根据目的的不同还可以分为功利的阅读和非功利的阅读。前者,抱着一定的目的去读,为了解决一个疑惑,或为了解某种知识;后者,信手拈来,泛泛读之,也许不经意间就会发现那种能带给你惊异的东西、引发你思想的"地震"。

大学期间,一定要好好利用学校的图书馆。它是思想的孵化器、心灵的栖息地。在这里,你可以跟无数伟大的心灵对话,你会从中发现,你遇到的困惑,他们也曾经遇到过;你可以遨游于人类知识的海洋,它没有边际,而永恒之神引领你飞升。

大学重要的是一种氛围。也许你上的不是名校,但这真的没什么。重要的不是学校的名声,而是你在这所学校里能学到什么。重要的也不是你入学时候的样子,而是三年后走出校园的样子。

三、你能给学校带来什么

在想大学能带给你什么的同时,也要想一想自己能给学校带来什么。

开学典礼上,人们常听到这样一句话:今日你以学校为荣,明日学校以你为傲。大学是人一生精进的钥匙,是精神品位的酿造地,是人生态度的醍醐灌顶。从大学走出去,你的身上就带着母校的烙印,那是你精神的胎记。母校期待学子们成才就像母亲望子成龙一样。

成才的第一步是树立大志。嵇康说过一句比较过激的话:"人无志,非人也。"但细想他说得很有道理。古今中外的伟人,凡有成就者无不是胸怀大志之人。周恩来从小志高,12岁就发出"为中华之崛起而读书"的誓言。毛泽东13岁就写过一首七绝《七绝·咏蛙》:"独坐池塘如虎踞,绿荫树下养精神。春来我不先开口,哪个虫儿敢作声?"

人生犹如那一望无际的大海上的一叶扁舟,而理想就似导航灯,为你带来希望,指明方向。有了理想,才不会迷失方向;有了理想,才会有源源不断的动力,才会乐此不疲地积极求索。甚至可以说,有了理想,人生的事业就成功了一半。一个人努力可能成功,但是不努力一定不会成功;一个人能够承担多大的责任,就能成就多大的事业。很多时候,人们不敢想,被一个很大的目标吓着了,是因为没有看到自身的潜能。

相关链接

安东尼·罗宾讲的故事

世界潜能激励大师安东尼·罗宾曾讲过这样一个故事。许多年前,重量级拳王吉姆在例行训练途中看见一个渔夫正将鱼一条条地往上拉。吉姆注意到,那渔夫总是将大鱼放回去,只留下小鱼。吉姆好奇地上前问那个渔夫为什么只留下小鱼,放回大鱼。渔夫答道:"老天，我真不愿这么做，但我实在别无选择，因为我只有一个小锅。"好笑吧？哈哈哈！但在你大笑之前，罗宾提醒你，他实际是在讲你呢！许多时候当我们想到一个大的主意时，往往会告诉自己："天哪！可别来个这么大的！我只有一个小锅呢！"我们更常常自我安慰道："更何况如果是一个好主意，别人早该想到了，就请赐给我一个小的吧！不要逼我走出舒适的小圈子，不要逼我流汗。"安东尼·罗宾指出：在我们每个人的生命中，都会面临许多害怕做不到的时刻，因而画地为牢，使无限的潜能只化为有限的成就。

国学大师王国维在自己的著作《人间词话》中借助三句诗词说到古今成大事业大学问者必经的三重境界。第一重境界：昨夜西风凋碧树，独上高楼，望尽天涯路。第二重境界：衣带渐宽终不悔，为伊消得人憔悴。第三重境界：众里寻他千百度，蓦然回首，那人却在灯火阑珊处。这三句词也道破了人生之路：起初的迷惘、继而的执着和最终的顿悟。没有登高望远，无以确定有价值的探索目标；没有对目标的迫切愿望和自信，难以面对征程的漫长和艰辛；没有千百度的上下求索，不会有瞬间的顿悟。达到了这三个境界，方不愧为精彩至极的人生。

一朝耕耘，终将收获。祝愿初入校园的大学生，能通过自己的辛勤努力拥有一个无与伦比的精彩人生！

四、知识导航

我上大学的十大理由

我之所以上大学，是因为：1.	
我之所以上大学，是因为：2.	
我之所以上大学，是因为：3.	
我之所以上大学，是因为：4.	
我之所以上大学，是因为：5.	
我之所以上大学，是因为：6.	
我之所以上大学，是因为：7.	
我之所以上大学，是因为：8.	
我之所以上大学，是因为：9.	
我之所以上大学，是因为：10.	

第二节 走好大学第一步

经历十年寒窗，同学们实现了由中学到大学的跨越，即将开始新的大学生活。绝大部分新生对大学生活是充满新奇和兴奋之感的，多姿多彩的校园生活也自此拉开序幕。然而序幕之后的内容却各有不同。新生入学以后，在生活环境、教学方式、学习方式、人际关系等诸方面与中学时相比发生了不少的变化。有些同学能够主动调整自己，积极增进对自我和大学的了解，适应大学生活，规划大学生活，拓展全面发展的能力。有些同学由于不能适应这种变化，结果影响了自己的学习和生活，有的甚至为此付出了痛苦而昂贵的代价，不少人产生了新生适应不良综合征。新生适应不良综合征，是指进入大学的新生在较长一段时间内不能很好地适应学校新的环境，由此在认知、情绪、行为等方面出现的迷茫、困惑、痛苦。具体表现为自我定位的摇摆、奋斗目标的迷茫、新生活方式适应困难、社交困惑等。

大学一年级在转折中处于极其重要的地位，它是大学生能否把握大学生活的主动权，能否适应新环境，顺利实现新转折，是健康成才的关键时期。那么，对于刚踏入大学校门的大一新生来说，究竟该如何走好大学第一步呢？

一、自我再认识

大学校园是一个非常自由和广阔的空间，广阔自由到很容易让人迷失自己。大学里人才济济，甚至好多人要远远超过你，你置身其中或许会迷失自己，看不到自身的优势所在。大学生在新的环境、新的挑战面前要回答"我是谁"这个最简单而又最复杂的问题，并不是一件很容易的事。精神学家弗洛姆（Erich Fromm）说："青年期最重要的课题是寻找和确立一个自我形象。"自我形象就是自己对自己的看法，包括：我是一个怎样的人？我能做什么？我该往哪个方向前进……每个人都在做这样的自我追寻，希望描绘出一个清楚、明朗、积极的自我形象。纪伯伦提出了"认识自我"的命题，他曾借别人之口阐述说："认识自我是一切认知之母，我应该认识自己。我认识自己，了解自己身体的各个部分——外貌、分子和原子。我应该除去覆盖在自己心灵秘密上的帷幔，抹掉心灵深处的装饰，还应该弄清我物质存在中精神存在之含义，我精神存在中物质存在之隐秘。"大学生处在一个动荡不安的主观世界里，很需要找寻到一个积极而稳定的自我形象，只有这样，才不会迷失。

（一）自我认识的内涵

自我认识是一个人对自己存在的觉察，即自己对自己的认识，包括认识自己的生理状况（如身高、体重、形态等）、心理特征（如兴趣爱好、能力、性格、气质等），以及自己与他人的关系（如自己与周围的人们相处的关系、自己在集体中的位置与作用等）。自我认识的内容包括生理自我、心理自我和社会自我。

1. 生理自我

生理自我指个人对自己身体的认识，包括占有感、支配感和爱护感。生理自我是与生俱来的，只能接受不能被改变，大学生对于生理自我处于高度关注期，表现为关注自己的身体健康，关注自己的外貌、仪表等。

2. 心理自我

心理自我是指个人对自己心理活动的认识，包括对自己性格、智力、态度、情感、理想和能力等的认识，随着大学生生理、心理的发展，心理自我的突出表现之一是自我认识的矛盾性。这种矛盾性主要表现在两个方面。

（1）"理想的我"与"现实的我"的矛盾，这种矛盾集中体现为理想与现实的矛盾。

（2）"主体的我"与"社会的我"的矛盾。这种矛盾集中体现在同学之间的理解与不理解的矛盾、尊重与不尊重的矛盾，此类矛盾常常使大学生感到苦恼，然而这种矛盾斗争的结果，表现为大多数人还是能够按照社会的要求不断完善自己向积极方面转化，达到在新的水平上的积极，成为自我肯定的人。

3. 社会自我

社会自我是个人对自己在社会关系、人际关系中的角色、地位的认识，对自己所承担的社会义务和权利的认识等。随着大学生生理和心理的不断发展，归属和爱的需要、尊重的需要及自我实现的需要逐步进入旺盛期，这些内在的需要促使他们产生了强烈的交往动机，渴望与别人交往。"我该跟哪些人做朋友？""我的人缘怎么样？"这些都是社会自我的表现。培根曾说过："缺乏真正的朋友乃最纯粹最可怜的孤独；没有友谊的土壤不过是一片荒野。"大学生正是在与他人建立人际关系的过程中，迅速提高社会化的程度。

（二）自我认识的途径

认识自我的途径主要有两种：自我观察和他人评价。

自我观察，是指要认识自己，必须做一个有心人，经常反省自己在日常生活中的点滴表现，总结自己是一个什么样的人，找出自己的优点和缺点。自我观察是我们自己教育自己、自我提高的重要途径。自我观察主要包括三个方面：①自身外表和体质状况的观察，包括外貌、风度和健康状况等方面的观察。②自我形象的观察，主要是对自己在所生活的集体中的位置和作用、公共生活中的举止表现及社会适应能力等的观察。③自己精神世界的观察，包括对自己政治态度、道德水平、智力水平、能力、性格、兴趣、爱好、特长等方面的观察。

他人评价，是指周围的人对自己的态度和评价能帮助自己认识自己、了解自己。大文豪苏轼写道："不识庐山真面目，只缘身在此山中。"这反映了"当局者迷，旁观者清"的道理。大学新生一方面要尊重他人的态度与评价，另一方面对他人的态度与评价也不能盲从，要冷静地分析。

相 关 链 接

我的生命线

生命线是你我都有的东西，人手一份，不多不少。人间有多少条性命，就有多少条生命线。生命线就是每个人生命走过的路线。这个游戏就是画出你人生的路线图。

好，游戏开始。请备好一张洁白的纸。还请备一支红蓝铅笔。彩笔也行，须一支较鲜艳，一支较暗淡。要用颜色区分心情。先把白纸摆好，横放最好。

在纸的中部，从左至右画一道长长的横线。多长呢？随意，长短皆可。

然后给这条线加上一个箭头，让它成为一条有方向的线。

———————————————————→

然后，请你在线条的左侧，写上"0"这个数字，在线条右方，箭头旁边，写上你为自己预计的寿数。可以写68，也可以写100。

此刻，请你在这条标线的最上方，写上你的名字，再写上"生命线"三个字。游戏的准备工作就基本完成了。

一张洁白的纸，写有"×××的生命线"的字样，其下有一条有方向的线条，代表了你的生命长度。它有起点，也有终点，你为它规定了具体的时限。

请一寸一寸地抚摸这条线。它就是你脚步的蓝图，无论你走到哪里，都走不出它的坐标系。你是你自己的人生规划设计师，没有人能替代你。没有！

请你按照你为自己规定的生命长度，找到你目前所在的那个点。比如你打算活75岁，你现在只有25岁，你就在整个线段的三分之一处，留下一个标志。之后，请在你的标志的左边，即代表过去岁月的那部分，把对你有着重大影响的事件用笔标出来。比如，7岁你上学了，你就找到和7岁相对应的位置，填写上学这件事。注意，如果你觉得是件快乐的事，你就用鲜艳的笔来写，并要写在生命线的上方。如果你觉得快乐非凡，你就把这件事的位置写得更高些。假如10岁时，你的祖母去世了，她的离世对你造成了极大的创伤，你就在生命线10岁的位置下方，用暗淡的颜色把它记录下来。抑或，17岁高考失利……你痛苦非凡，就继续在生命线的相应下方很深的陷落处留下记载。依此操作，你就用不同颜色的彩笔和不同位置的高低，记录了自己在今天之前的生命历程。

过去时的部分完成后，你要看一看，数一数，在影响你的重大事件中，是位于横线之上的部分多，还是位于横线之下的部分多？上升和陷落的幅度怎样？最重要的是看你个人对这件事的感受，而不在于世俗的评判。

完成了过去时，请进入将来时。既然是一生的规划，你有什么想法就一股脑儿地写出来吧。很多人在这时犯了愁，不是他没有计划，而是他很少将这些计划在时间上固定下来。

在你的坐标线上，把你这一生想干的事，比如挣多少钱、住什么样的别墅、香车美女、职业生涯、个人情趣等都标出来。如果有可能，则尽量把时间注明。视它们带给你的快乐和期待的程度，标在线的上方。如果它是你的挚爱，就请用鲜艳的笔墨，高高地填写在你的生命线最上方。

当然，在将来的生涯中，还有挫折和困难，比如父母的逝去，比如孩子的离家，比如生病等各种意外的发生，比如职场或事业方面可能出现的挫折、失业等，不妨一一用笔将它们在生命线的下方大略勾勒出来，这样生命线才称得上完整。

你要看看你亲手写下的这些事件，是位于线的上半部分较多还是下半部分较多？也就是说，是快乐的时候比较多，还是痛苦的时候比较多？这不是评判你选择的正误和生活质量的优劣，而是看你感受如何。如果你觉得这样还好，就不妨如此继续下去。如果你不甘心，可以尝试变化。

如果你的生命线上所标示的事件，大部分都在水平线以下，那么，是否可以考虑调整一下自己看世界的眼光？你对未来的估计是不是太幽暗了一些？如果是，你对你的情况是否满意？如果满意，这就是你的性格所选择的生活了。多种价值观和生活方式并存，正是当今世界的特点之一。如果你觉得有改变它们的愿望，那么你可以试着用另一种眼光来看待世界。如果你的所有事件都标在了水平线之上，也并非一味值得恭贺的事情。

承认自己的局限，承认人生是波澜起伏的过程，接纳自己的悲哀和沮丧，都是正常生活的一部分，犹如黄连和甘草，都是医病的良药。

以前的事已经发生过了，哪怕是再可怕的事件，也已过去。你不可改变它，能够改变的是看待它的角度。一个人的成熟度，在于这个人治愈自己创伤的程度。过去是重要的，但它再重要，也没有你的此刻重要。

活在当下，活在此时此刻，这是获得幸福百试不爽的诀窍。这不是今朝有酒今朝醉的颓废，而是脚踏实地的清醒把握。过去已成定局，将来在于努力。真正抓在你的手里的只有此时此刻。你的感官向着此时此地开放，你看到的是眼前的事物，听到的是耳边的声响，闻到的是近前的气味，触到的是身旁的温度，摸到的是指尖的感觉，尝到的是口中的滋味……把握当前，更是对生命本体的尊重。

生命最宝贵之处，并不在它的长度，而在它的广度和深度。如果能很精彩地过好每一分钟，那么这些分钟的总和，也必定精彩。

生命线不是掌握在别人手里，它只有一个主人，就是你自己。无论你的生命线是长是短，每一笔都由你来涂画。

有人说，我现在画出了自己的生命线规划蓝图，以后还会不会变化呢？不要把一个游戏看得玄妙，它只是想激起你的警觉，在纷杂的现代生活中，腾出那么一点点时间，眺望远方，拓开一条属于自己的小路。几年以后，你对自己的筹划也许会改变，但眺望永远是需要的，大方向永远是需要的，改变也是需要的。

不要因为将来的改变，而不肯在今天做出决定。如果有人一生都无须改变，那他要么是未卜先知，具有极高悟性和远见卓识的天才，要么就是僵化和刻板的化石。

游戏总结：生命线只有一条，而且它时时刻刻地在你毫无觉察的时候，静悄悄地行进着。你在生命线上的圆点伴随着你的跳动心脏律动，不停地上下跃动着奔向人生的终点。别总盯着树上最丰盈的果子，专心致志地做好你最感兴趣的那件事。

（节选自：毕淑敏. 心灵七游戏. 北京：北京十月文艺出版社, 2006）

二、学会适应

每一个人从中学步入大学，从大学步入社会，从一种生活环境进入另一种生活环境都是一种适应，都需要人们学会适应。一位大学三年级的学生谈起刚进入大学时感慨地说："三年前刚入大学时，对一切都不熟悉，对自己没有正确的认识，总是感到胆怯和自卑，和同学沟通不好,不知道如何读完大学。"一位新生道出自己的困惑:"刚跨入大学校门的我,不知自己所学专业将来是做什么的,更不清楚自己想做什么、能做什么。突然觉得自己失去了目标,没有了学习动力。"可以说,适应和发展的问题是每一个大学生都要面对的课题。

(一)适应的含义

达尔文说过:"物竞天择,适者生存。"依照进化论的观点,适应是指动物为了生存,与不利的环境做斗争,保存优秀的后代,使物种代代繁衍。这是适应广义的含义。

狭义来说,适应是一个人通过不断调整自身,使其个人需要能够在环境中得到满足的过程,适应也是自我与环境和谐统一的一种良好的生存状态。人与环境的适应通过两种途径来实现:一种是人自身做出改变,一种是环境改变。在很多情况下,环境是不变的,可变的是人自身。人的发展是指人生的发展,是人的身心随着时间的推进不断变化的过程。人的心理发展是伴随着人的身体发育而成熟的,人的认识、情感、能力和社会性等方面获得完善成长的过程,是一个人整个一生中行为和心理的发展过程。在面对不同的环境时,只有学会适应环境的人,才能更好地发展自己,走向社会。

(二)大学生要适应的内容

1. 生活的适应

告别了原先已熟悉的一切,远离父母,大学新生要独立处理生活中的一切事情。大学新生来自五湖四海,要学会不同个性间的相互包容。看似平凡小事,却时时都在对每个大学生进行着待人处世品德修养的检验。

2. 学习的适应

大学里班级观念淡化,没有固定教室,一二百人一起听课,上课常常像打游击战,老师可能要布置大量的课外阅读书目。学生也有了比高中相对宽松、自由支配的时间。大学教师的讲课不像高中教师那样深入浅出,常常是提纲挈领式教学或引导学生自学,在学习目的、教学内容的广度和深度及教学方法上也都有许多不同。

3. 人际关系的适应

大学生以专业分班级,以学科分院系,班级和院系是他们生活的团体。一个单纯的高中学生上大学后,若不小心被别人鄙视或被拒绝于团体活动之外,而他又不善于交往,不在改变中得到提高的话,就有可能变得孤独、压抑,从而可能困扰大学三年的生活,甚至影响未来的行为。

4. 情感需求变化的适应

目前在大多数中学校园里,青春期性健康教育尚属空白。一些正常的男女同学相互交往得不到引导,甚至遭到指责,而大学里相对宽松的异性交往空间,使得原本被压抑的性心理得到释放。由于社会多元价值观的影响,更主要的是缺乏青春期性生理及性伦理、性法制、异性交往方面的知识和技能,使得部分大学生面对异性的求爱,自己对异性的爱慕及失恋、性骚扰行为等不知所措。

相关链接

关于生活

你改变不了环境，但你可以改变自己；
你改变不了事实，但你可以改变态度；
你改变不了过去，但你可以改变现在；
你不能控制他人，但你可以掌握自己；
你不能预测明天，但你可以把握今天；
你不能样样顺利，但你可以事事尽心；
你不能左右天气，但你可以改变心情；
你不能选择容貌，但你可以展现笑容；
你不能延伸生命的长度，但你可以决定生命的宽度。

三、学会发展

（一）发展的含义

同样根据进化论的观点，发展指种族或个体量的增加，即优秀后代成长壮大。动物的进化过程相当缓慢，是因为它们仅仅局限于和其他物种的斗争，而不会主动改造环境。而人类历史的发展，取决于人们的思维能力，即能够对自己的环境做出判断和评估，并不断地创造、创新，使环境更加适合人们的生存需求。

狭义而言，发展指的是人类个体从诞生到死亡的整个生命过程中所发生的身心变化，即发展包括生理与心理两方面的发展。

（二）发展的理论

1. 中国儒家关于人的发展理论

儒家认为个体要通过"学"与"思"及个人的努力才能获得道德。人的发展目标不仅仅是个体的美好发展，而且是通过个体的发展达到整个社会的美好发展。人的发展分为七个阶段。

格物：观察研究事物本身。

致知：不断地扩充知识。

诚意：人对自己真诚，然后把这种真诚扩展到他人。

正心修身：人的内心都有愤怒、恐惧、喜欢、担心或忧虑之情。当这些情感保持平衡状态时，人就控制了它们，但当这些情绪过分时，情绪就会控制人。修身是说人可以控制自己的情感，避免行为失当。

齐家：如果一个人完成了上述四个阶段的任务，那么他/她就能够承担家庭的责任并学会管理家庭。

治国：人们在家庭中获得的诚信、知识和能力使人拥有了治理国家的能力。

平天下：如果一个人拥有了治理国家的诚信、知识和能力，就可以实现天下太平。

孟子认为，环境对人性的保持和发展具有重要的意义，但人并不一定是生活环境的牺牲品。个体只有在整个人生中不断进行修养，才能保住德行，并使之获得发展。人可以从不利的环境中获益，通过与逆境的抗争增强力量。"故天将降大任于斯人也，必先苦其心志，劳其筋骨，饿其体肤，空乏其身，行拂乱其所为，所以动心忍性，曾益其所不能。"

2. 西方行为主义关于人的发展的理论

人的适应与发展过程与动物有相似之处。"阻挠"可能来自客观的环境、个人能力的欠缺或个体需要的内在矛盾。面对"阻挠"，人们会产生不同程度的紧张和焦虑。为了解决这种紧张和焦虑，人们就尝试着寻求解决问题的新方式。在一次次的尝试中，学会了适应，得到了发展。

3. 马克思关于人的发展理论

人的发展是人的本质力量的发展，是人在社会实践中的全面、自由、和谐发展。要实现人的发展，其根本动力在于发挥人的自觉主动性，要参加社会实践，人的实践是人性的发展验证和体验，也是人的发展的根本动力和途径。为了实现使每一个人自由和谐地全面发展，人们需要参与社会实践。为了大多数人的发展，个人有时要做出必要的牺牲。

人的能力充分发展。人的能力包括了人的体力和智力、自然能力和社会能力、潜在能力和现实能力等。这些能力是人的本质力量的体现。

人的社会关系的全面丰富。人是在社会关系中生活的，人在社会交往中交流心理情感和信息，从而丰富自己，充实自己，发展自己。社会关系实际上决定着一个人能够发展到什么程度。人的社会关系要丰富和全面，即协调、和谐。否则，必然导致人发展的畸形。

人的个性充分发展。这里的个性指人的独立性和自主性。个人不是孤立的个人，而是社会的个人；个人不是某一个人，而是全社会的每一个人。

（三）大学生发展的任务

1. 学会学习

学会学习是指热爱学习，不断用新的知识充实自己。只有学会学习，才能与时俱进。

2. 学会做人

学会做人是指不断增强自主性、判断力和个人的责任感。学会做人能够使人拥有正确的人生观、价值观，拥有明确的伦理道德观念和是非观念。联合国21世纪教育委员会提出21世纪教育的四大支柱，即学会求知、学会做事、学会共处、学会做人。学会做人是四大支柱的关键和核心，也是教育的目的和根本。

3. 学会做事

学会做事是指要有敬业精神，要有独立处理问题的能力和应付各种情况和各种环境的能力，能够不断积累做事的相关经验。大学生要学会做事，因为做事是一种生存和竞争的本领。

4. 学会与人相处

学会与人相处是指对他人有尊重、真诚的态度，与人和谐相处，能够与他人进行良好的沟通。大学生要学会与人相处，因为与人相处是一门学问，更是一门艺术。

四、知识导航

我的人生宣言

我的人生使命：_____

我对家庭的承诺：_____

我对社会的承诺：_____

我想成为这样的人：_____

当我离开大学校园时，我想那时的我应该是：_____

_____

谨在此承诺：尽我最大努力，将父母给予我的才能和天赋完全发挥出来，朝着既定的目标前进，做最好的自己。

本人签名：

年　月　日

第三节　志存高远　脚踏实地

我仰望星空，
它是那样寥廓而深邃；
那无穷的真理，
让我苦苦地求索——追随。
我仰望星空，
它是那样庄严而圣洁；
那凛然的正义，
让我充满热爱——感到敬畏。
我仰望星空，
它是那样自由而宁静；
那博大的胸怀，
让我的心灵栖息——依偎。

我仰望星空，

它是那样壮丽而光辉；

那永恒的炽热，

让我心中燃起希望的烈焰——响起春雷。

这是温家宝总理于2007年9月4日发表在《人民日报》上的诗作，诗中所透露的对真理、正义、自由、博爱的思考，寄托着温总理对当代青年的期望，诗中的仰望星空所诠释的精神境界激励着青年一代要志存高远。青年既要树立远大的理想和目标，在理想的鼓舞下不断进取，这是万事成功的内在动力；也要有脚踏实地的奋斗精神，为实现理想和目标不懈奋斗，这是实现理想的重要条件。对当代的大学生来讲，志存高远和脚踏实地也是他们健康成才的必备条件。

一、做有理想、有目标的大学生

理想是人们对美好未来的向往和追求。社会现实客观上让人们面对更为沉重的竞争压力和经济负担，人们需要处理更为复杂的人际关系和权衡抉择。青年们的精力更多地被花在争取优质的教育机会、获得稳定的工作岗位、建立和谐的幸福家庭上。青年人的热情更多地被消磨于日常的琐碎和生活的烦恼；一些青年人越来越现实，距离"理想"也更加遥远。大学生是青年中受教育程度比较高的部分，是国家各类高级人才的预备队伍，因此更需要有理想。因为理想是一个人灵魂的寄托，是人生的坐标和航向，是一个人世界观、人生观、价值观的核心，是责任、能力、形象的源泉，没有坚定的理想，责任、能力、成才都无从谈起。

按照理想实现的时间的长短来划分，理想可以分为长远理想和近期理想，人们把近期理想也称为目标。一个大学生既要有远大的理想，也要有具体的奋斗目标。

（一）大学生的理想

按照理想的内容来划分，理想可以分为社会理想、生活理想、职业理想、素质理想。社会理想是人们对未来社会的设想。社会理想包括对未来社会的政治制度、经济制度、科学文化制度、社会面貌等的预见和设想。职业理想是人们对未来工作部门、工作性质及在职业方面达到的程度的追求和向往。生活理想是人们对未来生活的追求和向往，既包括对于吃、穿、住等物质生活的追求和向往，也包括对文化娱乐等精神生活的追求和向往，还包括对婚姻、家庭生活的追求和向往。素质理想是人们做人的目标，是对做一个什么样的人的追求和向往。2005年一项对3 000多名大学生关于理想信念教育状况的抽样问卷调查显示，学生所持理想在对个人理想的选择上，认为"个人理想中最重要的"依次是：生活理想（42.93%）、职业理想（23.52%）、道德理想（17.56%）、政治理想（14.14%）。在激烈的社会竞争压力下，大学生们对个人理想更趋向于务实和生活化，在价值判断上虽然认同奉献精神、社会责任感、国家和集体利益，但在实际行动中，更加注重个人发展，更加关注个人健康、个人的利益、前途与发展、爱情与家庭等，对自己应当承担的社会责任关心不够。

那么，大学生应该树立什么样的理想？这是一个值得思索的问题。虽然理想无所谓好坏，然而即使同样的理想其出发点不同，对人的引领作用也就不同。比如，大学生当村干部，内心的动因可能是因为当村干部能改变当地的面貌，发挥自己的价值，而内心的动因也可能是可以逃避就业的压力。这两个不同的动因自然成为高尚理想和平庸理想的差异。只有当一个人的理想有高尚的出发点时才能够走得更远。2007年5月14日,温家宝总理为同济大学师生即兴演讲中说:"一个民族要有一些关注天空的人,他们才有希望;一个民族只是关心脚下的事情,那是没有未来的。"他希望同学们经常仰望天空,学会做人,学会思考,学会知识和技能,做一个关心世界和国家命运的人。青年的理想要和社会、国家的理想保持一致。从本质和长远说,没有祖国的光明前途就没有个人的真正光明前途,没有人类的美好理想就没有个人真正美好的理想。

(二) 大学生的奋斗目标

《爱丽丝漫游仙境》里有一段爱丽丝与柴郡猫的对话:
爱丽丝:"请你告诉我,我应该往哪里走呢?"
柴郡猫:"这要看你要往哪里去了。"
爱丽丝:"不管去哪儿——"
柴郡猫:"那么你走哪条路都没有关系。"

爱丽丝的困惑和许多在校大学生的困惑是同样的。如果一个人没有目标,也就没有行走的方向。一位老生这样回忆他初入大学的想法:"踏进大学的校园,看着陌生的一切,希望这里可以点燃我的梦想,可是一个星期过去了,一个月过去了……还是没有找到路,期望有人能够给自己指点迷津,但最终生活还是要我自己走过去。"不少人上中学的奋斗目标仅仅是考上大学,一旦理想实现了,旧的奋斗目标没有了,而新的奋斗目标不清晰,就会出现茫然和无方向感,找不到学习的动力,找不到生活的意义,以至于失去了原有的勤奋拼搏精神。殊不知,考大学只是实现自己人生目标过程中的一个阶段性任务,而要成为一个什么样的人,创造什么样的人生,才是人生的目标。大学阶段新目标的确立,实际上是人生目标的确立。

耶鲁大学的一项研究显示,只有3%的人在踏入社会就业前曾经写下自己的目标,并曾经计划过如何付诸实施。让人吃惊的是日后这3%的人所积累的财富竟然超过其他97%的人加起来的总和。由此可见,大学阶段能够树立起自己的人生目标,会对今后的发展起到积极的作用。

探索人生目标,是青年时期最重要也是最激动人心的体验。戴尔·卡耐基曾经说过:"如果想要快乐,就为自己立一个目标,使它支配自己的思想,放出自己的活力,并鼓舞自己的希望。"上大学后,时间相对宽松,生活的范围也拓宽了,这就给目标的探索创造了条件。在人生征途上,实现了一个奋斗目标之后,也需要及时确定下一个奋斗目标,才能使自己有明确的前进方向,获得不断前进的动力。那么,如何确立自己的奋斗目标呢?

第一,个人的奋斗目标必须与社会需要相结合。确定目标要从社会实际出发,只有把自己的奋斗目标与社会的现实需要结合起来才有意义,只有使个人的奋斗目标与国家的奋斗目标相一致才会获得最大的成功,充分实现自我价值。所以在制订个人的奋斗目标时,要看这个目标是否符合未来就业、创业及市场竞争的需要,是否符合社会的需求。英国著名的哲学家怀特海先生这样说过:"在中学阶段,学生伏案学习;在大学里,他需要站起来,四面观望。"

第二,个人的奋斗目标必须与自身的特点相结合。确定目标必须从自己的实际出发,奋斗目标只有与自己的兴趣、能力、专业等相符,符合自身发展的需要,使自己不断进步、完善,才能具备坚实的基础和实现的可能。

第三,个人的奋斗目标必须与现实可能相结合。只有同现实可能相结合,奋斗目标才是真实的和可以实现的。目标的可行性是指目标不能超出自己的能力范围,要符合自己当前的实际情况。

第四,个人的奋斗目标要多层次统一,个人目标的制定最好不是单一的,应该是多层次的,既有近期目标,又有长远目标;既有局部目标,又有整体目标。对于大学生来说,不仅要有学期目标、学年目标,还要有大学三年的总体目标,不仅要有学习专业知识的目标,同时还要有实践的目标、体育锻炼的目标、交友的目标等。俞敏洪说:"人生的奋斗目标不要太大,认准了一件事情,投入兴趣与热情坚持去做,你就会成功。"

二、做有技术、有担当的大学生

耐人寻味的是,当"仰望星空"四个字被大学生所领悟的时候,2010年五四青年节温家宝总理在北大提笔写下沉甸甸的"脚踏实地"四个字,这是对当代大学生提出的要求。仰望星空是必要的,但同时还要脚踏实地。东汉时期有一个叫陈蕃的人,立志要"成大事,扫天下",但他连自己的庭院也懒得打扫。为此,人们讥笑他,说"一屋不扫,何以扫天下"?

正如李开复先生所提到的,大学校园里流行着很多思潮,如创业、出国、经商、从政等。事实确是如此,人们经常可以看见某某学生在校园里不停地宣扬自己以后的理想,千方百计地使别人知道自己的雄心壮志。可是这类学生却忽视了有壮志固然是好事,然而真正能使自己达到预期目标的,还是脚踏实地地做事。因此,他们往往到最后一事无成。而最终能够创业、出国、经商、从政等成就一番事业的,往往是那些暗下决心,脚踏实地,不会为了虚荣心而四处张扬的人。当今的大学生要将远大志向与现实具体的行动结合起来,无论是树立报效祖国、成就大业的远大理想,还是学业、生活、交友上的近期目标,一旦确定了远大的人生理想和奋斗目标之后,就应该脚踏实地、全力以赴地为之奋斗。

(一)从小事做起

人贵有理想,更可贵的是能为理想坚持不懈地奋斗。大学生要成才,就需要在日常学习、生活中严格要求自己,从小事做起,多干实事,少说空话。老子就一直告诫人们:"天下难事,必成于易;天下大事,必作于细。"曾经有一位诺贝尔奖获得者,在被问及是什么促使他成功时,他做了出人意料的回答:"我在幼儿园里学到了一生中最为重要的东西:要谦让,讲卫生,东西放整齐,做错事要致歉,要仔细观察事物。"

相关链接

小闹钟的三千多万次

有这样一个故事:有人对一只小闹钟说:"你一年要重复不停地'嘀嗒'三千多万次,你能忍受这种枯燥乏味的生活吗?"小闹钟听后十分沮丧。一只老怀表对小闹钟说:"不要只想着一年怎么'嘀嗒'三千多万次,只要坚持每秒'嘀嗒'一次就行了。"于是,小闹钟按照老怀表说的去做。一年过去了,小闹钟顺利完成了"嘀嗒"三千多万次的任务,变得更加成熟和坚强。

这个故事给人们的启示是：凡事要坚持从小事做起，不要急于求成，不要被困难吓倒，要认真对待每一天，相信只要坚持做好一点一滴的事，距离成功的目标一定就会越来越近。

（二）学好专业知识，打造核心竞争力

专业知识是很大一部分同学以后走上工作岗位时所必需的，大学时代的专业知识和专业技能就是以后参加特定行业的知识和技能基础。不管将来走向哪里，不管从事什么行业，大学生都必须具备一定的基础和技能，打造自己的核心竞争力，才能在这个社会上生存，才能在激烈的竞争中站住脚。大学的专业是为社会的需求而设置的，大学生要学好专业知识，适应社会的需求，为社会发展做出自己的贡献。

（三）投身社会实践，提升综合素质

社会实践是大学生全面素质提高的重要环节，是学生将所学知识应用于社会的重要过程，有利于锻炼学生的实践能力。作为新时期的大学生，不仅要踏实学好专业知识，更要开阔视野，积极吸收有益的知识，把目光开拓到专业知识以外，积极关注社会，担当责任。大学校园毕竟不是完全的社会化，实践提供这样一个契机，让大学生们更多地接触社会，了解社会现象，开阔视野，扩大知识面，从实践中学习新的知识；通过社会实践，一方面挖掘自身潜在的能力，另一方面发现自己的不足之处，提高综合素质。综合素质是大学生在与社会的接触中，与广泛的人交流的过程中，通过实践锻炼和自我反思一步步提高的。投身社会实践能够更加了解社会需要什么样的人才，可以在以后的发展中为社会需求做好准备。

成长感悟

张云的大学生活感悟

生活是公平的，哪怕吃了很多苦，只要你坚持下去，一定会有收获，即使最后失败了，你也获得了别人不具备的经历。

——张云

历经辛苦的张云终于跌跌撞撞地考入大学。进入大学后，凭着满腔热情和一身侠气，张云当选为学生会主席。

有网友问张云："从网上知道你以前成绩不怎么好，考上的大学也不怎么理想，但你成功了，成了一个成功的企业家。那么对于很多青年来说，考大学的用处到底在哪里？"

张云回答道："我觉得读大学是非常有用的，影响我很深的是大学的三年。我觉得大学的三年，给我最大的感受是学习到了学习的能力。我觉得中国的教育有很多问题，就是我们学习很多知识，但是很少去学习文化。我一直希望教育能改革，让学生多学习文化，而不仅仅是学习知识。知识可以学，但不一定要坐到教室里去学。经过大学三年，我始终觉得，任何一个年轻人，一定要有一个理想去考大学，一定要有理想在大学里待三年。因为我觉得大学里有很多跟我一样想学习、想成功、想有一番天地、有抱负的年轻人，我们在一起，可以互相促进学习，共同进步，所以我觉得大学是进入社会之前的一个很好的课堂。

"我看过《人生》这本书。对高加林印象深刻。他高考失败，然后还想再考，就是这种

不放弃的精神影响了我。从概率的角度来讲，如果考上大学，认认真真地学三年的话，我成功的概率要远大于那些没有考上大学的。读本科、研究生，我认为是一种学习能力的提升过程，在这个过程中可以提升大学学习的能力或者经验。毕业以后，因为我做过学生会主席，所以发现自己在大学里学到的学习能力和为人处世的能力对我帮助很大。我因此不断地把大学里学到的学习方式应用到自己的工作中。在小学、初中、高中，我认为主要是以学习知识为主，但在大学的三年里，我觉得受益最大的是，学习到了学习的能力。

"一个人的学习是没有止境，也没有时间、没有地点的。但社会这所大学就是需要你学习，七八十岁依然要学习，直至离开这个世界为止。每一天你都在学习，每一天你都想了解新的知识，每一天都会出现新的情况。所以我跟同事和朋友经常讲，中学生和大学生的区别是什么？那就是大学生比中学生多做了三年的试题，研究生比本科生又多了做两年试题，博士生又多做了三年试题，这些试题都是模拟的，但管用不管用，那得到社会上去应用、去成熟、去磨炼。师傅教了你几个套路，但能不能用？在社会上能不能试？在武术比赛的对打中有没有抗击打能力？所以，拿到博士学位、研究生学位和大学文凭是你生活的刚刚开始，而不是终止。有人说，我终于拿到博士学位了。好像完成学业了。错了，其实你的模拟试题刚刚结束，你的实战才刚刚开始。所以，我觉得社会这所大学是让你实践的，并在实践中提高自己。"

↻ 三、知识导航

我大学期间的十个梦想

1. _____
2. _____
3. _____
4. _____
5. _____
6. _____
7. _____
8. _____
9. _____
10. _____

我的规划

"人生能有几回搏？拼将热血浇春花。"人生的自我设计令人神往，可以让我们在社会的底层看见理想的巅峰。人俱志，恐难酬，立机谋。祝愿你在人生的自我设计道路上，披一身锦绣，数万种风流；挑一肩重担，壮志正酬。

（一）长期发展规划（10年）

（1）长期目标：_____
（2）目标确定的原因：_____

（二）中期发展规划（5年）

（1）中期目标：_____
（2）中期目标与长期目标的关系：_____
（3）目标确定的原因：_____

（三）近期发展规划（3年）

（1）近期目标：_____
（2）目标确定的原因：_____

（四）近期目标分解（大学期间目标分解）

（1）大一目标：_____
目标细化：
① _____ 完成时间：_____
② _____ 完成时间：_____
③ _____ 完成时间：_____
（2）大二目标：_____
目标细化：
① _____ 完成时间：_____
② _____ 完成时间：_____
③ _____ 完成时间：_____
（3）大三目标：_____
目标细化：
① _____ 完成时间：_____
② _____ 完成时间：_____
③ _____ 完成时间：_____

第二章 初识大学

带着父母的嘱咐,带着期盼,带着新奇,你踏进了心中向往已久的大学校园,一切都是陌生的:新环境、新的面孔、新的起点,这一切也许会令你感到新鲜和好奇。或许昨天你们还感觉离大学很遥远,而今天你们已经站在了大学的起点;或许这里不是你们最初的梦想,但这里将成就你未来的辉煌;或许现在你们的感觉还很迷茫,让我们引领你们步入理想的殿堂……

_____年___月___日,我来到了_____

进入大学第一天的情景:_____

_____

我的心情:_____

_____

_____

_____

_____,这就是我的大学。

老爸老妈对我说_____

_____

我想这样度过我的大学生活:_____

_____

第一节 熟悉大学

一、我的介绍

来到新的环境,认识新的同学,第一堂课,来个自我介绍,让大家认识我。

大家好，我叫_____，大家可以叫我_____

我来自_____

_____

_____

我家乡的著名景点和特产有：_____

_____

_____

我的兴趣爱好为：_____

_____

↻ 二、我的认识

通过大家的自我介绍，我开始认识我们班和我们班的同学，写下来吧。

我们班的班号为_____，专业的名称为：_____

我前后左右的同学分别为：_____

_____

我的老乡有：_____

_____

给我印象最深刻的同学为：_____

他给我印象最深的点为：_____

↻ 三、我的班级

我的班级共_____名学生，其中女生_____名，男生_____名；我的班主任（辅导员）是_____，联系方式_____；我认识的学长_____，联系方式_____。

我们班级的文明公约：

四、我的寝室

我的寝室：_____，有_____个兄弟（姐妹）。

寝室排行	姓名	年龄	家乡	生日	性格
1					
2					
3					
4					
5					
6					
7					
8					

寝室文明公约：

听说学校有文明寝室评比活动，每学期_____次，本学期争取获得_____次优秀称号。

五、其他信息

学校社团/学生会：

我所知道的学校社团/学生会	
我选择的社团/学生会	
社团/学生会性质	
竞聘过程	
担任职务	
参与目的	
参与感受（收获）	

第二节 回顾家庭

　　有人说：家是一辆车，可以送我们去很远的地方。父母是轮换开车的司机，我们是乘客。到了父母年迈的时候，我们就当上了司机，而父母变成了乘客。开车时必须小心翼翼，不能违反交通规则。遵纪守法的人家，开车时不易发生事故。车子是要经常加油的，所以，一个家需要每个人用心投入。作为家庭的成员，不能只用油不加油，因为油用完了，车子就走不动了。家是什么？

　　语文说："'家'是一个字，里面有平坦，有曲折，还有不起眼的点点滴滴，谁也猜不准，谁也读不准。"

　　数学说："'家'是一个和，家＝成员＋爱心＋诚心＋孝心＋理解。一个充满真情的家才是一个实数。"

　　家，一个让人感到温暖的字，一个充满奥秘的字，千言万语说不尽它的意义。

　　家，我喜欢这个字，因为我也拥有一个温馨的家。我爱我的家。

↻ 一、家庭再认识

家庭成员：

家庭简况（经济状况，主要经济来源、家庭文化等）：

↻ 二、家族职业树

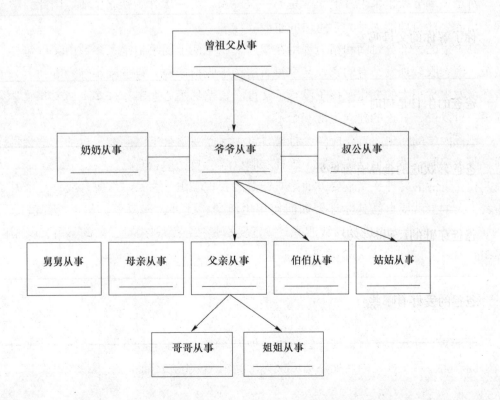

填写完家族职业树后，请回答以下问题：
我家族中大多数成员从事的是何职业？
_____

我想要从事这种职业吗？为什么？
_____

爸爸如何形容他的职业？爸爸平时会提到哪些职业？他怎么说？
_____

爸爸的想法对我有何影响？
_____

妈妈如何形容她的职业？平时会提到哪些职业？她怎么说的？
_____

妈妈的想法对我有何影响？
_____

家族中还有对什么职业的想法对我的影响比较大，他们怎么说？
_____

你了解你的父母吗？
_____

爸爸的生日是何时？
_____

爸爸喜欢吃的食品有哪些？
_____

爸爸穿鞋的尺码是多少？
_____

爸爸的爱好有哪些？
_____

爸爸年轻时的理想是什么？
_____

爸爸最大的优点是什么？
_____

爸爸最得意的一件事和最后悔的一件事分别是什么？
_____

爸爸对我的期盼是什么？
_____

妈妈的爱好是什么？
_____

妈妈年轻时的理想是什么？
_____

妈妈最大的优点是什么？
_____

妈妈最得意的一件事和最后悔的一件事分别是什么？
_____

妈妈对我的期望是什么？
_____

三、第一封家书

  家书是亲人之间进行情感交流的方式之一，搭起了亲人间心与心沟通的桥梁。温暖的家书，连接着亲情，传递着思念与牵挂温暖。
  家书是一根长长的线，它把我和父母紧紧地牵连起来，我在这头，父母在那头；家书是一根五音俱全的琴弦，想家的时候，孤寂的时候，我用手指在它身上轻柔一抚，那天籁之声便悄悄地偷走了我的灵魂；家书更是我与父母心中的一把烈火，它永远都在热烈地燃烧着……
  今天，我们告别短信，不用电话，拿起久违的笔，写一纸邮向家的问候……

亲爱的老爸老妈：

你们好！

_____

_____

_____

_____

_____

_____

_____

_____

_____

第三节 认识自我

一、成长故事

有风吹过的季节，是一种淡淡的情愫，在我静静地成长历程中，它吹绿了柳树，吹开了花朵，也将我的心事吹重。所以，我不得不转身，数一数，曾经值得回忆的故事。

成长经历回顾：

最自豪的事件
事件简述：

续表

成长感悟：					
最后悔的事					
事件简述：					
成长感悟：					
对我影响最大的人					
姓名		职业		与本人关系	
令我最难忘（影响最大）的事件回顾：					
用一句话总结过去：					

二、自我评价

千百年来，人类在探究自然的同时也在不断探究自己。古希腊时人们就将"认识你自己"的铭文刻在神殿之上，中国古代先贤也指出，知人不易，知己更难；人贵有自知之明！对大学生来说，认识自己同样是一个非常重要的问题。有什么样的自我认识，就有什么样的行为选择。认识自己就像认识真理一样，我们永远在路上。现在，让我们开始探索自我，请写出十个"我是……"及十个"我不是……"。

我是

我不是

↻ 三、我的理想

小学时的理想：

初中时的理想：

高中时的理想:

四、生涯愿景

通过进入大学的最初印象,畅想我的人生蓝图。

所预见的未来:
具体、明确的目标位置:

续表

生动的描述:

↻ 五、生涯幻游

你是否能更具体地想象自己十年后的模样？未来的生涯，会是什么光景？现在就让我们一起乘坐未来最先进的时光隧道机，到未来去旅行！

现在，我们一起坐在时光隧道机来到十年后的世界，算一算，这时你的年龄是多大？容貌有何变化？请你尽量想象十年后的情形，愈具体愈好。好，你现在正躺在家里的床上。这时候是清晨，和往常一样，你慢慢地睁开眼睛，首先看到的是卧室里的天花板，它是什么颜色？接着，你准备下床。尝试去感觉脚指头接触地面那一霎的温度，是凉凉的，还是暖暖的？经过一番梳洗之后，你来到衣柜前准备换衣服上班。今天你要穿什么样的衣服上班？穿好衣服，你看一看镜子。然后你来到了餐厅，早餐吃的是什么？一起用餐的还有谁？你跟他们说了什么话？

接下来，你关上家里的大门，准备前往工作的地点。你回头看一下你的家，它是一幢什么样的房子？然后，你将搭乘什么样的交通工具上班？

当你到达了工作的地方，首先注意一下，这个地方看起来如何？然后，你进入工作的地方，你跟同事们打着招呼，他们怎么称呼你？你还注意到还有哪些人出现在这里？他们正在做什么？你在你的办公桌前坐下，安排一下今天的工作行程，然后开始上午的工作。早上的工作内容是什么？跟哪些人一起工作？工作时用到哪些东西？

很快的，上午的工作结束了。午餐你是如何解决的？吃的是什么？跟谁一起吃的？午餐还愉快吗？

接下来是下午的工作，跟上午的工作内容有什么不同？忙碌吗？

快到下班的时间了，也许你没有固定的下班时间，但你即将结束一天的工作了。下班后你直接回家吗？或者你要先办点什么事？又或者要参加一些什么样的活动？

到家了，家里有哪些人呢？回家后你都做些什么事？晚餐的时间到了，你会在哪里用餐？跟谁一起用餐？吃的是什么？

晚餐后，你做了些什么？跟谁在一起？

该是就寝的时间了，你躺在早上睡过的那张床上，你回忆一下今天的工作与生活，今天过得愉快吗？是不是要许一个愿？你会许什么样的愿望呢？

渐渐地，你很满足地进入了梦乡……

幻游未来世界之后你回到了现实世界。还记得你的幻游经历吗？请和你的朋友或同事一起分享你在生涯幻游中出现的那些有趣的经历。然后请你将这次生涯幻游的经历进行整理，例如：

（1）你看到的天花板的颜色是淡黄色的。
（2）你感觉到地板的温度是暖暖的。
（3）你穿的衣服的样式是皮尔卡丹西服。
（4）和你一起吃早餐的人是太太、女儿和佣人。
（5）你住的房子是城郊的一幢别墅式洋房。
（6）你乘坐的交通工具是一辆公司配备的奔驰商务用车。
（7）你的工作环境是在市中心的一座公司所拥有的高级写字楼里。
（8）同事们称呼你总裁。
（9）你上午的工作内容是主持一个收购项目的业务会议，接受一家知名传媒的专访，听取几个部门的高级主管汇报工作，签署一些文件。
（10）和你一起吃午餐的人是某家银行的行长和你的秘书。
（11）你下午的工作内容是出席香港一个国际性的大型研讨会，你在会上做了三十分钟的演讲。
（12）你下班后的活动内容是从香港坐专机飞到北京与一位政府的部长共聚晚宴。
（13）和你一起吃晚餐的人是部长先生、集团北京分公司的总经理和你的秘书。
（14）你晚餐后的活动是与部长先生到你集团所属的一个高级会所打保龄球……
（15）对于一天的工作和生活，你的感觉是既紧张又充实。
（16）临睡前，你许的愿望是希望与美国微软公司的合作能早日达成。

故事导读

当一块石头有了愿望

一个名叫薛瓦勒的乡村邮差每天徒步走在乡村之间，有一天，他在崎岖山路上被一块石头绊倒了。

他起身，拍拍身上的尘土，准备再走，可是他突然发现绊倒他的那块石头的样子十分奇异。他拾起那块石头，左看右看，便有些爱不释手了。

于是，他把那块石头放在了自己的邮包里。村子里的人看到他的邮包里除了信之外，还有一块沉重的石头，感到很奇怪，人们好意地劝他："把它扔了吧，你每天要走那么多路，这可是个不小的负担。"他却取出那块石头，炫耀着说："你们谁见过这样美丽的石头？"人们都笑了，说："这样的石头山上到处都是，够你捡一辈子的。"

他回家后疲惫地睡在床上，突然产生了一个念头，如果用这样美丽的石头建造一座城堡那将会多么迷人。于是，他每天在送信的途中寻找石头，每天总是带回一块。不久，他便收集了一大堆奇形怪状的石头，但建造城堡远远不够。

于是,他开始推着独轮车送信,只要发现他中意的石头都会往独轮车上装。

从此以后,他再也没有过上一天安乐的日子,白天他是一个邮差和一个运送石头的苦力,晚上他又是一个建筑师,他按照自己天马行空的思维来建造自己的城堡。

对于他的行为,所有人都感到不可思议,认为他的精神出了问题。

二十多年的时间里,他不停地寻找石头,运输石头,堆积石头。在他的偏僻住处,出现了许多错落有致的城堡,有清真寺式的,有印度神教式的,有基督教式的……当地人都知道有这样一个性格偏执沉默不语的邮差,在干一些如同小孩子筑沙堡的游戏。

1905年,法国一家报社的记者偶然发现了这群低矮的城堡,这里的风景和城堡的建筑格局令他叹为观止。他为此写了一篇介绍薛瓦勒的文章,文章刊出后,薛瓦勒迅速成为新闻人物。许多人都慕名前来参观城堡,连当时最有声望的毕加索也专程参观了薛瓦勒的建筑。

现在,这个城堡成为法国最著名的风景旅游点,它的名字就叫作"邮差薛瓦勒之理想宫"。

心语:

在城堡的石块上,薛瓦勒当年的许多刻痕还清晰可见,有一句就刻在入口处的一块石头上:"我想知道一块有了愿望的石头能走多远。"据说,这就是那块当年绊倒过薛瓦勒的石头。

第三章 大一探索

第一节 远近高低各不同——大学与中学的不同

从中学时代走来，每一个大学新生面临的都是一个全新的世界。如果你不能顺利实现从中学生到大学生的角色转变，不了解中学与大学的区别所在，不能适应大学的学习和生活，你将难以成功。

明确大学与中学的不同，并随着外在环境的变异而调整适应能力，要比一厢情愿地抛出自我的呐喊等待回响智慧得多。

一、培养目标不同

大学的特点是专业技能教育，中学则是升学教育。

中学是基础性教育，强调对书本知识的牢记与掌握。为使学生顺利通过高考的选拔进入大学学习而准备的中学教育，是一种中等水平的普通教育。中学教育的培养目标是为大学输送学生。

大学侧重专业性技能性教育，是为了学生今后的职业生涯促进学生综合素质的全面发展，更注重学生各方面能力和素质的培养和提高。大学教育的培养目标是培养高技能应用型人才。

大学是一个人世界观、人生观、价值观形成的重要阶段。在这一阶段形成什么样的理想信念，将会影响一个人甚至一代人的发展和人生取向。因此，大学更重视思想政治教育，要使大学生正确认识社会发展规律，认识国家前途命运，认识自己的社会责任，拥有正确、崇高的人生信仰并为之坚定地奋斗不竭！

二、学习内容不同

大学专注于素质培养，中学则专注于准备高考。

中学的学习是为高考服务，主干课程就是高考的那几门课，其余统称为"副科"。而且，中学课程之间很少有交叉和衔接，只要根据老师布置的要求反复练习，一般就能达到学习要求。

而在大学不一样，不同学科、专业有不同的课程设置和学习要求，学习内容、教学模式和学习方法都会有所不同。大学里学习的专业性强，课程设置复杂，学习内容广泛。在大学，你会发现老师讲授的很多内容都超出了教科书的范围，个别的课程甚至没有教科书；在指定教材外，还会有一大堆参考书。

此外，大学尤为重视实践训练。不仅要求学生理论专业知识扎实，更要求学生培养专业与实践相结合的各种能力。各类认识实习、专业实习、寒暑期社会实践活动的拓展和丰富，为学生提供了深化专业学习、加强素质拓展的平台。

三、学习方式不同

大学强调自主,中学则强调标准。

中学学习上课速度较慢,解题示范详细,经常进行阶段性考试检查;有统一的教学大纲、相同的课程、明确的教学内容和要求。中学教师天天督促学生学习,步步为营。

大学老师的讲课特点可以概括为精、少、快,一堂课下来往往在书本上就过了几十页,"信息范围大、抽象内容多、参考书目繁"是大学学习内容广泛性的贴切形容。在大学里,绝大多数的知识内容需要学生利用课上课下时间主动学习、自学完成。

四、课余生活不同

大学的生活和中学的生活有很大不同,大学的生活比中学丰富得多。

在中学,学生因为没有成年,所以还需要父母的监护。中学的任务就是专心学习,其他的事情都有父母操心。

到了大学,学生在法律的概念上已经不再是孩子了,是个成人。因此,必须为自己的言论、行为负责,对他人负责,对社会负责,对国家负责。学习与生活上的大小事情,都需要自己负责,要自己照顾好自己,自己管理好自己。

同时,学校为了鼓励学生全方面、多角度发展,安排了很多课外活动。但需要注意的是,学生的首要任务是学习,在学有余力的基础上适当选择参加社团活动。总之,大学的生活比中学丰富得多、复杂得多,处理好各式各样的关系,是学生逐渐走向成熟的标志。

五、知识导航

大学与中学的不同

大　学	中　学
1.	1.
2.	2.
3.	3.
4.	4.
5.	5.
…	…

第二节 不识庐山真面目——关于大学的几种误区与对策

当你还是一名高中生时，一定迫切希望高中生涯能尽快熬到尽头，渴望过上无忧无虑的大学生活。而当你真正跨进大学殿堂后，却又发现校园里流行着两个字："郁闷"。

大学三年转瞬即逝。有的同学大学毕业走出校门时，抬头仰望星空，脸上写满憧憬与自信，而有的同学眼里透出的却是迷茫和无助。后者之所以出现这样的落差，往往是因为进入大学后的第一步没有迈好。大学的第一年似乎是一段大学新生的"入学试应期"，你要尽快明确中学和大学的不同，尽快完成由中学生向大学生的"转型"，成功地适应大学生活。

作为一名新入学的大学生，如何从朦胧的梦回到清晰的现实，如何融入朝思暮想的新环境，如何适应紧张充实的大学生活？以下几项是步入大学容易出现的误区与相应对策。

一、大学是"象牙塔"

在汉语中，象牙塔原意为超脱现实社会，远离生活之外，躲进孤独舒适的个人小天地，凭主观幻想从事写作活动；外延含义主要是"比喻脱离现实生活的文学家和艺术家的小天地"。大学，正是这种地方。

大学新生应正确对待"象牙塔"的含义：其一，要有勇于钻象牙塔的精神，一心向学，"两耳不闻窗外事"；其二，要有抛弃象牙塔的魄力，心怀天下，两耳"广听"天下事。

大学生要有开放的姿态，在这个多元的世界海纳百川，有容乃大。同时，要争做"塔尖"，在高等教育普及的时代力争上游，成为精英。树立远大理想，做一个有理想信念的人。

理想信念是生命力的源泉，它能够给予大学生强大的精神鼓舞。理想信念会引导大学生做什么人、走什么路，激励大学生为什么而学。

有了崇高而伟大的理想，大学生才会充满活力、奋发向上；有了正确而坚定的信念，大学生才会对人生做出正确的判断与选择，不会随波逐流。

1. 站在时代之巅搭建理想之桥

大学生应志存高远，站在时代的高度来搭建理想之桥，通过学习党的基本理念、基本路线、基本纲领和基本经验，以及了解中国革命、建设、改革开放和基本国情与形势政策，深入学习习近平新时代中国特色社会主义思想，把握人类社会历史发展的规律，了解时代的要求，知道做哪些事情才真正有价值，以树立正确的理想，形成自己远大的生活目标；把握社会发展的规律，认识国家的前途命运，认识自己的社会责任，为国家和社会发展贡献自己的聪明才智。

2. 从选定的方向开始

当代大学生，有的愿意为教育事业献身，有的渴望为西部大开发贡献力量，更多的是为自己的未来打拼。真正的生活信念是从现实出发，实事求是。

坚持知行合一，培养脚踏实地、任劳任怨、艰苦奋斗的精神。从选定的方向开始，从身边的事情做起，从具体的事情做起。

二、大学是"保险箱"

能够进入大学学习的同学无疑都是高考中的佼佼者,那么进入大学以后,是否依然是成功者呢?是否认为迈入大学就"万事大吉",就可以"我行我素"了呢?答案不是肯定的,因为大学不是"保险箱"。

千里之行,始于足下。在大学这个竞技场上,坚忍执着,脚踏实地,才会步步领先;反之,掉以轻心,放任自流,就会一步落后、步步落后。

有的同学失去原本习惯的约束后,就认为进入大学就是进入了"保险箱"。没有了守在身边唠叨的家长,没有了高中老师督促学习的"围追堵截",没有了每天早起晚睡的寒窗苦读,取而代之的则是每月定时向父母要零花钱,每周只上几节课,每天可以睡十几个小时。

因此,大学新生需要重新审视自己,做一个有明确自我认知的人。

《吕氏春秋》中写道:"欲论人者,必先自论;欲知人者,必先自知。"适应大学过程中的一个非常重要的点,就是明确感受自己身份内涵的转变,重新审视自己,尽快实现自我角色从中学到大学的转型。

1. 抛开高考,跳脱"原我"

统计表明,高考成绩与学生在大学中的学习成绩的相关性不大。那些在高考中成绩最优秀的同学,在大学不见得表现出特别的优势,而很多在大学的学习中出类拔萃的同学,他们的高考成绩并不是最优秀的。所以,大学新生不能太看重高考成绩,要从高考的"原我"中迅速走出来。

2. 开阔视野,定义"新我"

"不识庐山真面目,只缘身在此山中。"跳出来看自己,大学新生要合理扬弃时代与年龄的特点,定义"新我"。

现在的在校大学生都被冠以这样的称呼——"90后"或"00后",在他们身上有着中国特色的社会、家庭培养和中小学"应试教育"的模式。生活自理能力比较弱,自我约束意识较差,情感价值取向模糊,意志品质不坚定……这些都折射出了时代的烙印。大学生面临着艰巨的心理发展课题。只有总结过去,开阔视野,在自我认识、社会适应、人际交往、社会责任等方面不断获得经验,在思想和行为上摆脱对外界的依赖,才能重识"新我",定义未来。

三、大学是"游乐场"

在无数梦想进入大学的高中学子眼里,大学是一个美轮美奂的世界,是梦中的理想天堂。但是,事物都具有双面性。犹如一把双刃剑,舞得优美,大学可以是成功者奠基的磐石;舞得拙劣,最容易伤到的是自己。

事实上,相当一部分大学生在实现了高考这一所谓"人生理想"后,由于迷失了目标以致丧失了继续努力学习的动力,时常感到空虚无聊,找不到寄托,哀叹生活没有意义。于是,转而投身娱乐、网游、交友、逃课、作弊之中,忽视了大学生最根本的任务——学习。

因此,大学新生应自主自觉地学习,完全地对自己的学习负起责任来。

1. 树立专业思想，强化专业认同

进入大学以后，很多同学因为对自己所学专业不满意而产生厌学情绪，继而"寄情"于玩乐，影响了自己的学习。这个问题是同学们在开始自己的大学生活时首先要解决的问题。

大学新生树立专业思想，应该坚持一种"既来之，则安之"的态度。因为大学中的专业是给自己的学习限定了一个方向，并不是人生的定轨。树立专业思想，明确专业方向，认清专业前景，强化专业认同，认真把自己的专业课程学好，是对自己最负责、最有利的选择。

2. 培养学习能力，主动驾驭学习

上文中已经比较过中学与大学学习的不同。中学学习基本上是跟着老师学，是被动式学习，往往以是否"学会"为评价标准。大学则不同，学生不仅要"学会"基础知识，更要掌握如何"会学"，要学会自主性学习。

学会学习，要培养独立自主获取知识的能力。从"要我学习"到"我要学习"，需要转换的不仅是角色，还有心态。把握并掌握大学学习的规律，方可成功驾驭大学学习。

第三节　春江水暖鸭先知——你可以为大学做的准备

从中学时代走来，每一个大学新生所面临的都是一个全新的世界。无论是自然环境还是学习方法，无论是个人目标还是社会期望，都发生了很大的变化。

环境的变化、知音难觅的孤独、中心地位的失落和强烈的自卑心理是导致大学新生适应困难的重要因素。随着金色九月的到来，又一级的新生即将踏入大学的校园，在收拾行装的同时，不妨对新的学习生活做一些必要的准备。

一、学会做人

法国作家罗曼·罗兰说过："有了朋友，生命才显示出它全部的价值。智慧、友爱，这是照亮我们黑夜的唯一光亮。"可见和谐的人际交往关系在人生中的分量。

百年修得同船渡，千年修得共枕眠。照这么计算，大学三年同住一室的舍友最起码也得有五百年的修行了。舍友在大学生一生中是极有分量的角色，在最渴望经历、最需要友情、最渴望成长的年代，一群原本素不相识的青年因共同的"志愿"走到了一起。在窄小的宿舍里，在简朴的架子床上，在这缘分的天空下，分享了这段最为美妙的成长时光。他们就是"睡在我上铺的兄弟"或者"住在我对面的姐妹"。而且舍友在大学生走出校园之后也是生活中保持联络最多的朋友，甚至在以后的人脉中占据着最为重要的位置。愉快的宿舍生活是快乐大学生活重要的组成部分，宿舍生活也是塑造性格、锻炼独立生活能力的必修课。

由于大学同学来自五湖四海，学生的"异质化"程度很高，地区的差异使他们在思想观念、价值标准、生活方式、生活习惯等方面存在着明显的差异，因此，在遇到实际问题时往往容易发生冲突。那么，在大学里要学会与不同背景的同学相处，学会处理同学间的矛盾和冲突。

此外，要主动去做一些公共的工作，以增加同学们对你的好感，同学间的关系也就会融洽了。

二、学会求知

在学习上，如果仅是承袭高中阶段的学习方法，即使勤奋用功可能也难以获得能力的全面提高，这在大学新生里是相当普遍的现象。大学的学习方法与中学有很大不同，大学的学习是变被动为主动，关键是要充分利用校园中的特殊资源，并将学到的知识很好地整合。从旧的学习方法向新的学习方法过渡，这是每个大学新生都必须经历的过程。正确认识角色的改变，尽早做好思想准备，适应新的学习方法，就能较好地、顺利地度过这一阶段，少走弯路，减少心理压力，促进学业成绩的提高。

三、学会劳动

劳动，是一个民族生存的基础，是人类进步的重要途径，因为正是劳动创造了世界，创造了我们这个物质文明与精神文明高度发达的社会。"劳动最光荣"这几个沉甸甸的字眼充分揭示了劳动的伟大意义，我们要学会劳动。著名教育家叶圣陶先生说："教给学生一生有用的好习惯，是教育的根本目的。""少成若天性，勤始赢未来。"好习惯成就好人生，好习惯要从小养成。

四、学会生活

对于一部分新生来说，上大学是第一次离家，第一次开始独立生活。因此，学会自我管理，培养生活自理能力是大学生活的重要一课。

高中生的大部分时间和精力都用在学习上，生活上的事情绝大多数由父母包办打理，从做饭、洗衣服到理发，有的家长甚至每天给孩子收拾床被、打洗脸水等。等到上大学后，生活环境发生了很大的变化，孩子没有了父母、长辈的悉心照料，许多事情要开始学会独自处理了，可以说，真正的独立生活开始了。

刚入大学的新生，首先应学会打理日常生活。要学会准时起床、运动，学会自己整理床铺、收拾房间，学会自己洗衣服、缝补衣服，学会自己照料自己。

独立生活的另外一个重要方面是对钱财的管理。由于家长一般每月或每几个月给一次生活费，大学生就要自己独立计划如何使用生活费。此外，还要根据父母的经济能力和自己"勤工俭学"的能力来进行日常消费，并且要尽量按照计划执行，做到不盲目消费，不相互攀比。

五、学会健体

有些学生进入大学后，往往会产生一种失落感，出现心理上的不适应，这种不适应通常有几种情况：第一种是因环境不适应反映出心理不适应，有的新生一经挫折就会产生较长时间的焦虑自责；第二种是由一名中学生向大学生的角色转换，新生对此在心理上需要一个调适过程；第三种是每年的新生中都会有在高考中发挥失常的学生。他们看着昔日与自己不相上下的同学纷纷进入较好的院校或较好的专业，心理上易产生严重的不平衡；第四种是城乡中学素质教育发展的不均衡，使得相当一部分农村学生在琴棋书画样样精通的城市学生面前觉得自己缺乏特长，从而出现心理失衡。

从中学进入大学，在离开了熟悉的环境，尚未适应新的环境之时，难免会有些不舒服的感觉，这是非常自然的，不必为此焦虑。但是对新的生活多一些心理准备，一定会适应得更快、更好，希望能够通过以上这些，使大学新生更好地了解自己，做好心理准备，顺利完成学业，做一个有良好心态的快乐而又成功的人。

大学校园课余生活丰富多彩，除了日常的教学活动之外，还有各种各样的讲座、讨论会、学术报告、文娱活动、社团活动等。这些活动对于大学新生来说，令人眼花缭乱，如何安排课余时间，常常心中没谱。如果完全按照兴趣，随意性太大，很难有效地利用高校的有利环境和资源。

要合理地安排课余时间，首先必须对自己在近期内的活动有一个理智的分析。看看自己近期内要达到哪些目标，长远目标是什么，自己最迫切需要的是什么，各种活动对自己发展的意义又有多大等。然后做出最好的时间安排，并且在执行计划中不断地修正和发展。

当然，要合理安排课余时间，找准方向也很重要。在开始大学生活时就要给自己定下合适的发展方向。打算继续深造的同学，就要把更多的时间放在学习上；想锻炼自己组织协调能力的同学，可以去学生组织、社团发展；想积累工作经验的同学，可以多参加兼职、实习。确立自己的目标要综合考虑自身的情况，一旦定下来就要按照这个目标踏踏实实地走下去。心中有了目标，才能使自己的人生之舟不偏离航向。学生毕竟以学为主，课余活动无论多么精彩，当它影响到你的学业时，必须学会放弃，因为暂时的放弃是为了更好地获得。

六、学会审美

对于文化水平较高、情感体验较为丰富的大学生们来说，校园爱情是他们大学生活中重要的一课。进入大学，作为一个成年人自然有选择并收获爱情的权利。然而，大学生这个特殊的社会群体，今后的生活还不确定，就业还是个未知数，即使获得了真爱，毕业后也有可能天各一方。

因此，很多大学生持有"不求天长地久，只在乎曾经拥有"的恋爱心态。

大学是一个人真正走向独立的缓冲期，这时的大学生情感体验较为丰富，心理变化非常剧烈，校园爱情是他们大学生活中重要的一幕，谈恋爱的经历是他们体验人生不可缺少的一课。

爱情的神圣与庄严、神秘与美好吸引着无数青年男女为之折腰。但是，大学校园里存在的并非都是完满的恋爱，并非每个爱情的渴望者都能品尝到甘甜的爱情之羹。

爱情之花虽然美艳，可是在花的海洋里，却容易迷失方向。恋爱在给人带来光明与幸福的同时，也会给人带来烦恼和痛苦。

在面对恋爱情感问题时,大学生要摆正爱情在大学生活中的位置,要时刻清楚现阶段所面临的任务是什么、奋斗目标又是什么。明确坚持学业第一的观点,大学生要理解今天的学习与未来的事业息息相关,也是爱情美满的基础。

七、学会合作

合作就是互相配合,共同把事情做好。世界上有许多事情,只有通过人与人之间的相互合作才能完成。一个人学会了与别人合作,也就获得了打开成功之门的钥匙。所以,人们常说:小合作有小成就,大合作有大成就,不合作就很难有什么成就。这是非常宝贵的人生道理,我们应该牢牢记住。在一本杂志上曾经写道:"大雁有一种合作的本能,它们飞行时呈'V'字形。因为为首的大雁在前面领路,能帮助它两边的雁,形成局部的真空。科学家还发现,雁群以这种形式飞行,要比单独飞行多飞出12%的距离。这些大雁飞行时,还会定期变换领导者,大家轮流做头领。"可见,和谐合作可以产生1+1>2的倍增效果。

"人"字的结构,就是互相支撑。就是说一个由相互联系、相互制约的若干部分组成的整体,经过优化设计后,它的整体功能能够大于部分之和,产生1+1>2的效果。在现实生活中,人是离不开人与人之间合作与相处的。人也无法离群索居,一生要与形形色色的人合作、相处,你只要懂得如何与大家和谐合作与相处,生活就像春天般明媚、秋天般实在,采撷到的是一串笑意盈盈的果实;反之,收获到的则是伤痕累累的遗憾。

合作,我们从多方面来看,就是一种力量的象征。从语文角度说,合作就是字与字组成的词,字与词组成的句;从数学角度讲,合作就是点点聚成的圆;从英语角度看,合作就是字母拼凑的单词;从物理角度说,合作就是让杠杆的动力臂大于阻力臂的智慧;从化学角度想,合作就是物质与物质产生的化学反应;从政治角度议,合作就是国与家之间的相互配合产生的集体力量;从历史角度望,合作就是前人智慧凝结的万里长城;从地理角度说,合作就是经纬线相交而形成的地理位置;从生物角度说,合作就是化敌为友保护领土不被侵犯的明智之选。从我的角度说,合作是一个巴掌拍不响的教训,只有懂合作的人,才知道众人拾柴火焰高的道理。

八、学会创新

在上大学之前,我们的创意是被压制的,因为我们这时的任务是考大学,创新创意的平台资源有限。

在大学校园里,一切都不同了。这里的精神之一是:犯错是好的,允许尝试与失败,大家并不看重如何做"对"。这里的人们为了实验而实验,做无用的事,又或者做一件事只因为这件事是无用的。大学的空气里满是自由与灵魂的释放。外界的人们都在假装理智包装自己,实则盲从,他们做只因为其他的人也这样做。而大学校园的创新思维却有价值多了,甚至比遵循理智的逻辑来得更有效。创新思维不是一个专业行为,它与你的生活是息息相关的。创意不只是画一张画、写一部小说或设计一座房子,而是设计你自己,设计更好的未来,抓住生命中的每一个机会。

成 长 感 悟

新生感悟大学生活之游弋大生活
北京科技大学机械工程学院　徐　颢

记得高中学过一个成语：登堂入室。如果说大学上半学期是登堂的话，现在的我应该在向着入室的方向迈进。

走进大学的每一个人都希望在这个梦开始的地方将自己的综合能力进行大幅度的提升。但是，许多人心中却不知道这种提升应该如何去实现。

随着大学帷幕的徐徐拉开，舞台上的剧情不断上演，我们才逐渐明白，原来大学要教给我们最本质的东西是如何去生活。

这似乎是一个简单得不能再简单的问题。每天，我们都在生活，几乎每个人都有各自不同的生活模式。但是大学要教给我们的绝不是现在好多人正生活着的生活，它是一种大生活。听起来似乎有点玄，其实这个词是我从张国立演的一部电视剧里借鉴过来的，看过几集，但它给我的印象很深，有机会一定要再看一下。它讲的是一种非常理想、非常和谐的生活模式。

大学教给我们的不仅是如何将现在的生活经营好，还教我们如何将未来的生活生活好，这便是大学生活之大。

大生活诀窍之一：自信地生活

最近有同学聊天时说，好像有这样一种现象，那些比较漂亮的女生能力往往也比较强。同学说，因为她们比较自信。这的确是很重要的一点，因为她们会用轻松自如的心态去应对周围的一切事件，让自己的大脑全部用于考虑所干的事儿，而不会受到其他负面心理的干扰。于是事情的结果往往就很漂亮。

大生活诀窍之二：发展地看事件

智者常说，我们所关注的不仅是脚下站立的土地，更重要的是前方的地平线。高瞻远瞩，我想这应该是每一个大学生应该保持的心态。虽然我们没有预测未来的能力，却可以通过现在的所作所为去决定未来前进的方向。要用发展的眼光看世界，我想我们应该用发展的眼光看事件。对于发生在周围的一些事情，不能只关注它对现在的影响，也应该从各个角度分析一下该事件的整体情况，从中获取一些有用的东西，装在自己的心里，成为自己未来的财富。

大生活诀窍之三：习惯优秀

人们都说优秀的人有保持优秀的习惯。如果我们想优秀的话，也可以努力让自己养成这样一种习惯。先找到自己的某一个闪光点，然后想办法让它成长为一个闪光面，不断保持并逐渐扩大到生活中其他各个方面，最后你会发现自己是一个非常闪亮的个体。

大生活诀窍之四：感受生活

说了半天，也许有人会不明白，为什么我的题目叫作"游弋"大生活。其实这是源于庄子理论的一种理解。鱼曳尾于池中是因为池给它带来的自由和快乐，它将这种自由和快乐当成一种美妙的享受。由此一来，不管是面对渔民的垂钓还是掠食者的捕杀，它都能够从积极的一方面去看待。或许，在它们看来这并不是危险，而是一场刺激的斗智斗勇的游戏，它们因此乐在其中。

大学生活丰富而多彩，用心感受，游弋大生活。

（选自：http：//news.ustb.edu.cn/html/artic1e/Anitcle - show22526.html，有改动）

第四节 学年盘点

时光飞逝,转眼间大一生活即将结束,其间收获颇多,感慨颇多。回首自己规划的大一之路,是否坚持了自己的选择,让我们来盘点一下!

一、自我评估

时间		目标	完成情况	原因	调整
大一学年	品德修养				
	理论学习				
	职业技能				
	实践活动				

二、组织评估（360°检测）

检测人	评价及建议
班主任	
父母	
同学	
指导老师	

三、反思总结

四、调整修正

准备大二期间做哪些调整?

_____

_____

_____

第四章 大二定向

第一节 学年规划

万丈高楼平地起，步入大二，要完全适应大学的生活。学习应该怎么学、达到什么程度要清楚。宿舍生活、班级生活、社团活动等完全熟悉，并要有进一步的打算。

1. 重要的竞赛

在大学参加各种校园活动，不可避免地会碰到竞赛。有学生会组织的"校园厨艺大赛""校园歌手大赛""演讲比赛""相声小品大赛"等，还有学校组织的学术性的"全国大学生英语竞赛""数学建模竞赛""程序设计大赛""英语配音大赛""智能汽车大赛"等。这些竞赛是展示自己能力、提升自身竞争力、锻炼自己团队精神的绝佳机会。如果自己有兴趣、有时间、有能力在这些比赛中取得佳绩，那将对今后的评优、出国留学产生重要影响。例如，高燕定先生在《人生设计在童年》里写道："让人一看就忘不了的，是他不同于绝大多数中国学生的特点：曾参加中科院华大基因组的1%人类基因图测序；和其他两位同学发明了一种大规模制备DNA测序模板的新方法；以他为第一作者的研究论文获研究中心最佳论文奖，也获得第十届全国青少年科学创新大赛优秀论文一等奖和北京青少年科技论文一等奖……难怪本科生导师只扫一眼简历，就对他笑着说：'麻省理工一定也会要你。'"如果在大学生活中取得骄人的成绩，获奖多多，成绩优良，不管今后是申请留学还是就业工作，这些都会为实现自己的理想而打下坚实的基础。

2. 读书破万卷

有人开出书单说在大学期间要读什么什么书，要读多少多少本。比如新东方教育集团总裁俞敏洪先生说，大学期间读书不能少于400本。其实不管读多少本书，本质是强调在大学期间读书的重要性。读书能够增加自己的学识和修养，腹有诗书气自华。大学生活贯穿始终的就是阅读。为此，应多参加一些读书社团和阅读比赛，多交流经验，以此拓宽大学的宽度，增加自己人生的厚度。这样的场景在不同的大学天天上演：清晨，明媚的阳光洒在校园青青的草地上、书上和屋顶上；满脸朝气的学生坐在校园草地的长椅上认真晨读，三个一群、五个一伙布满了整个校园。

一、大一反思

反思是人类最高贵的品格之一，是最好的学习方式，让我们在反思中自省，在反思中不断进步、不断创新。走过大一，迈进大二，让我们站在大一与大二的门槛上反思。

目标	完成情况	反 思

二、大一目标审定

没有完成的目标：

续表

分析原因	
主观原因：	客观原因：
改进措施：	

目标的重要性在哪里？

你有没有看见过有人上了出租车后，司机问他："你要去哪里？"他却回答："我不知道。"假如有的话，你是不是觉得很可笑呢？有什么样的目标，就有什么样的人生；没有目标的人，将过着迷失的人生。

美国科学家曾对一群智力、学历、环境等客观条件都差不多的年轻人做过一个长达25年的跟踪调查，调查内容为目标对人生的影响。

得出的结论是：29%的人没有目标；70%的人目标模糊，并没有长远规划；1%的人目标明确，且有长期规划和进阶计划。20年后，这29%的人就成为社会的中下层人群，刚刚解决温饱问题；70%的人是中上层人群，处于小康水平，但是不能经常旅行和添置新房产；只有1%的人脱颖而出。可见，明确、清晰的目标，在我们成功和奋斗的路途中，犹如一盏明灯，照亮我们的方向，并伴随我们迈向成功的彼岸。

你有没有设立好清楚的目标？

三、大二目标确定

大二的学习生活已经开始了，那么你为现在的新生活做好准备了吗？现在就为自己设定一个新目标吧，然后朝着自己的目标勇往直前。

大二新目标：

↻ 四、大二目标分解

目标	预期效果	完成时间	实现途径
综合素质养成			
理论学习			

续表

目标	预期效果	完成时间	实现途径
技能训练			
社会实践			

知识引路

学习要讲究效率，提高效率

◆ **每天保证 8 小时睡眠**

晚上不要熬夜，定时就寝。中午坚持午睡。充足的睡眠、饱满的精神是提高效率的基本要求。

◆ **学习时要全神贯注**

玩的时候痛快玩，学的时候认真学。一天到晚伏案苦读，不是良策。学习到一定程度就得休息，补充能量。学习之余，一定要注意休息。但学习时，一定要全身心地投入，手脑并用。

◆ **坚持体育锻炼**

身体是"学习"的本钱。没有一个好的身体，再大的能耐也无法发挥。因而，再繁忙的学习，也不可忽视放松锻炼。有的同学为了学习而忽视锻炼，身体越来越弱，学习越来越感到力不从心。这样怎么能提高学习效率呢？

◆ **学习要主动**

只有积极主动地学习，才能感受到其中的乐趣，才能对学习越发有兴趣。有了兴趣，效率就会在不知不觉中得到提高。有的同学基础不好,学习过程中老是有不懂的问题,又羞于向人请教,结果郁郁寡欢,心不在焉,从何谈起提高学习效率?这时,唯一的方法是,向人请教,不懂的地方一定要弄懂,一点一滴地积累,才能进步。如此,才能逐步地提高效率。

◆ 保持愉快的心情和同学融洽相处

每天有个好心情,做事干净利落,学习积极投入,效率自然高。另外,把个人和集体结合起来,和同学保持互助关系,团结进取,也能提高学习效率。

◆ 注意整理

学习过程中,把各科课本、作业和资料有规律地放在一起。待用时,一看便知在哪里。有的学生要查阅某本书时,东找西翻,不见踪影,时间就在忙碌而焦急的寻找中逝去。没有条理的学习是不会取得大的成就的。

总结:学习效率的提高,很大程度上取决于学习之外的其他因素,这是因为人的体质、心境、状态等诸多因素与学习效率密切相关。

第二节 专业学习

每个大学生都期望将来能顺利就业,那就要意识到专业学习的重要性,是否从现在开始就应该学会为我们的专业学习做个规划呢?

"业精于勤荒于嬉"出自韩愈的《劝学解》,意思是说学业由于勤奋而精通,却荒废在嬉笑声中。很多学生进入大学后都会出现或多或少的不适应,其中很大一部分同学都认为,大学的学习任务轻,玩的时间比较多,这样的观念使得很多同学忘记了作为学生的基本任务——学习,没有在学习上投入足够的精力,其结果是很多同学的成绩经常是"满江红",这更使得这部分同学对于自己的大学生活充满迷茫。一项调查的结果表明,每年高校都会有20%左右的学生,因为违纪或者不及格科目太多而不能拿到学位证书。这些毕业生不仅要为找工作四处奔波,参加一场又一场的招聘会,还要担忧在毕业时能否顺利拿到学位证书。其实,上了大学并不等于进了保险箱,即使在大学,学习依然是构成大学丰富多彩生活的中心内容,也是大学生最重要的职责与使命。大学阶段的学习与中学阶段的学习相比,在学习内容、学习方法等方面发生了较大变化,对于刚进入大学的新生而言,如何适应这些变化,尽快了解和掌握大学学习的基本规律,是摆在每一名新生面前的重要问题。

经典案例

两成毕业生无学位,上大学并非进了保险箱

据一份调查披露:在北京一所工科大学,每届学生中总有5%以上的学生会发生打架、旷课、作弊、赌博、偷窃行为及犯生活错误、政治错误,2%~3%的学生因此被退学或被开除学籍。另外,还有大约40%的学生出现不及格门次。这样导致"15%~20%的学生,在大学毕业时拿不到学位证书"。据悉,这种现象在其他高校同样存在。

大部分拿不到学位的学生学习成绩不过关。

能够考取大学的学生,都是同龄人中的佼佼者,而大部分拿不到学位的学生却是由于学习成绩不过关。

北京科技大学信息工程学院党委书记祝利克告诉记者,他们在对几十名退学学生的调查中发现了一个共同的现象:以为进了大学就是进了保险箱,丧失了继续勤奋学习的意志,结果成绩一落千丈,只好黯然离开学校。一份对某高校 2 700 名学生的抽样调查显示:71%的学生认为自己的状态是得过且过。

(选自:http://bao kao. China – b. com/)

点评:学生在进入大学后,需要有更多的自我控制和自我学习能力,自我管理是学生不断成长,适应大学的学习步伐。然而,现在相当一部分大学生是在完全"他制"的环境下走过中学阶段的,还没有完全走出应试教育的阴影,而大学强调学生的自学,所以会出现一些高考成绩相当优秀的学生在进入大学之后无法适应大学中的学习方式,学业频频亮起红灯。案例中的数据正好说明了这种情况,学生学习自主性差导致进入大学后无法适应大学的学习方式,从而使自己的学习走进死胡同。从中学到大学,意味着学生需要把自己从一个孩子转变成一个青年,通过自身的努力成长为一名合格的大学生,这种跨越式的变化必然会导致一部分学生无法适应,在大学校园里败下阵来。

一、大一专业学习自我盘点

二、大二学习生活确定目标

理论学习	
职业技能训练	
实践能力	
人文修养	

三、大二反思总结调整修正

成果形式	
成功经验	
失败教训	
改进思路	

第三节 社会实践

经历过高考的洗礼，学生们来到了一直向往的大学，大学和高中有着很多不同：更多的可以自由支配的时间，更少的来自学业的压力，更多的社会活动，更广泛的朋友圈子，更专业和严谨的老师，更包容开放的校园文化，更丰富多彩的校园生活……这么多的不同中最为核心的就是社会活动。大学阶段是进入社会的预演阶段，社会活动就是预演中的重头戏。

社会活动是高校培养、提高大学生综合素质的重要途径之一，合理有效地组织开展社会活动是保障提高大学生综合素质的重要方法。它既是课堂教学的延伸，又是重要的实践活动，在实现教育目标的过程中发挥着独特的作用。社会活动进行得好，可以提高教学质量，有利于弥补课堂教学的缺陷和学生在课堂上学不到的东西，有利于提高学生的综合素质，有助于完成大学教育的任务和实现大学教育的目标。很多大学生能在大学的社会活动中得到充分锻炼，为进入社会做足铺垫，最终走向成功之路。

↻ 一、大一社会实践自我盘点

参加过的实践活动（校内、校外）：
参加过的社团（校内、校外）：
我的收获：

↻ 二、大二社会实践行动策略

目标	行动策略

续表

目标	行动策略

三、大二社会实践目标总结及调整修正

成果形式	

续表

成功经验	
失败教训	
活动中对我影响最大的一件事	
活动中对我影响最大的一个人	
调整思路	

谁在总结？

总结当然是人的杰作，因为植物不能总结，动物不懂总结。人通过立足眼前，回忆过去，展望未来，使自己在总结中成为由过去、现在和未来构成的完整的人。

总结就是区分边界，划分是与非、善与恶、美与丑等界限，从而实现旧我与新我的区分，进而不断实现自我更新。

课后阅读

国外大学生社会实践活动的经验

欧美的一些大学非常注重学生的自我教育、自我管理，通过学生自治和参与学校管理充分体现学生的自主性和主体性，通过社会服务等活动培养学生适应社会的能力。许多学校并不设置德育课程，而是强调隐性课程的道德教育作用，这种作用对学生道德发展的影响虽然是缓慢的，但其效果是持久的。

1. 重视专业实践活动

在欧美的许多大学，专业实践或实习大多有正规的教学计划，并给予一定学分。美国有的工科院校规定，大学生在大学四年学习期间要花 15 个月的时间在工厂、企业学习。在哥伦比亚大学，国际关系专业的学生可以到联合国旁听席上"听课"，学经济的可以去华尔街实习。在其他一些大学，学历史的要去档案馆、博物馆见习，学法律的要去立法、司法机构见习，学政治的要在政治机构或公共决策机构工作见习。在德国，专业实习也受到高度重视。例如，工科院校规定学生参加实践或实习的时间不得少于 26 周。理工科学生在学完一至三年后参加"中间考试"，合格后必须参加一定的生产性实习，然后才能撰写毕业论文。以上这些专业实习活动，是以培养学生的专业能力、专业技能，提高其学术水平为主要目的的，同时，也必然行使着影响学生在人生、道德价值等方面的观念、态度、品性等功能。

2. 把学生自我管理与参与学校管理作为教育改革的重要内容

学生自我管理与参与学校管理是现代欧美大学对于传统教育的重大改革之一。从 20 世纪 60 年代中期开始，由于社会与教育内部的矛盾引起的学生运动更加使学生自治成了现代欧美大学的原则之一，并且学生参与学校管理的观念和措施也成为现代欧美大学内部管理的重要原则与制度。学生自治与学生参与学校管理不只是现代大学管理中尊重学生权利和使管理更加民主与有效的问题，更是一个教育学生或通过学生自我教育而成为合格公民的问题。如果学生在大学里没有作为校园公民参与学校管理，四年大学毕业后，他们仍将作为一个不合格的社会成员"孤立于公民生活之外"。

学生自治和学生参与学校管理的范围是很广泛的。学生通过学生会、学生自治会等学生团体的形式进行自我管理，学校一系列正规制度的制定、非正规措施的实行等都需要有学生参与，如学校的招生方针、评聘教师、课程设置与内容等。在德国每所大学的全体会议和评议会中，学生代表都占有较高的比例，如在大学的全体会议中，有校长 1 名，副校长 2 名，总务长 1 名，教授代表 18 名，学生代表 6 名及其他代表 9 名；在大学生的评议会中，也有类似比例的学生代表；在大学的各个学院、系的有关管理、选举的机构与团体中，学生代表的比例也与此类似。总之，一定比例的学生代表参与学校事务的管理、决策已成了一个正式的制度。无论从管理角度还是对学生教育的角度看，这些做法都是值得学习的。

3. 重视社会服务对于道德教育的积极作用

在韩国，汉阳大学、同德女子大学已将社会服务列为必修课，每学期安排 48 个学时左右，大学生必须在孤儿院、养老院等场所从事服务工作，工作单位就献身性、诚实性、自觉性与工作态度等指标加以考评并给学分,"目的是培养学生对他人的关心和改变利己主义充斥的校园气氛"。墨西哥的大学里,也开设了类似的社会服务课,并作为必修课进行考评和记录学分。

4. 广泛开展勤工助学活动

在国外高等院校中,勤工助学活动开展得十分广泛。在美国,卡内基教学促进基金会1984年的调查资料显示,全美差不多所有全日制学生的30%和非全日制学生的84%,每周要工作21小时以上。在日本,许多大学课外参加工作的人数比例高达89%。在德国,从20世纪80年代起,接受父母资助与国家教育资助的学生越来越少,靠自己假期和学期工作支付教育与生活费用的人数逐渐增加。在假期工作的学生一直占总数的一半以上,而在学期中工作的学生人数比例也超过了一半。在德国、美国、日本等国家,学生参加勤工助学活动的原因一方面是由于父母和政府经济资助能力有限,但更重要的原因是,年轻人的独立意识与自主要求非常强烈,很多年轻人认为满18周岁以后如果一味依赖父母的资助或政府贷款是一件不太光彩的事,年轻人既要有独立、自由及与其他成人平等的权利,同时也要承担自主与自我负责的义务或责任。他们认为勤工助学的主要目的首先是赚取学费与生活费,然后才是通过工作了解社会各个领域、各个阶层的生活现状,提高适应社会的能力,并且通过勤工助学,人生观、价值观、道德品性方面也会受到无形的、潜移默化的影响。因此,勤工助学既解决了社会对劳动力的需求,也解决了学生对教育与生活费用的需求,而且具有道德教育的作用。

以上可以看出,国外的社会实践活动,具有很强的灵活性,学生能够充分发挥自主性,但是活动过于分散,缺少集中的教育和管理。

(选自:山东大学报,http://www.news.sdu.edu.cn/list-more.aspx?)

第四节 健康管理

"只有优异的成绩,却不懂得与人交往,是个寂寞的人;只有过人的智商,却不懂得控制情绪,是个危险的人;只有超人的推理,却不了解自己,是个迷惘的人。"这是《心理访谈》栏目中非常经典的一段话,启发在校大学生要学业与交往兼顾,智商与情商共赢,发展能力与自我认识并重。2015年复旦大学学生虐猫行为所折射出来的心理问题,引出大学生健康成才的话题。了解大学生应具有的健康观和成才观,影响大学生健康成才的因素有哪些,寻求健康成才的途径,是大学新生的重要一课。

健康是指一个人的身体、心理、精神等都处于良好的状态。传统的健康就是没有疾病,但现在人们的观念转变了,现代人所谓的健康包括躯体健康、心理健康、心灵健康、智力健康、道德健康等。健康是人的基本权利,是人最宝贵的财富之一,是衡量生活质量的基础,也是人类自我觉醒的重要方面。

"健康"是人们生活中密切关注的热门话题。正如古希腊哲学家赫拉克利特所说的:"如果没有健康,智慧就难以表现,文化就无从施展,力量就不能战斗,财富就变成废物,知识也无法利用。有了健康就有希望,有了希望就有一切。"健康是大学生学业有成就、事业成功、生活快乐的基础。

相关链接

世界卫生组织确定的身体健康十项标志和心理健康六大标志

身体健康十项标志：①有充沛的精力，能从容不迫地担负日常的繁重工作。②处世乐观，态度积极，勇于承担责任，不挑剔所要做的事。③善于休息，睡眠良好。④身体应变能力强，能适应外界环境变化。⑤能抵抗一般性感冒和传染病。⑥体重适当，身体匀称，站立时头、肩、臂位置协调。⑦眼睛明亮，反应敏捷，眼和眼睑不发炎。⑧牙齿清洁，无龋齿，不疼痛，牙龈颜色正常且无出血现象。⑨头发有光泽，无头屑。⑩肌肉丰满，皮肤富有弹性。

心理健康的六大标志：①有良好的自我意识，能做到自知自觉，既对自己的优点和长处感到欣慰，保持自尊、自信，又不因自己的缺点感到沮丧，甚至自暴自弃。②坦然面对现实，既有高于现实的理想，又能正确对待生活中的缺陷和挫折，做到"胜不骄，败不馁"。③保持正常的人际关系，能承认别人，限制自己，能接纳别人，包括别人的短处。④在与人相处中，尊重多于嫉妒，信任多于怀疑，喜爱多于憎恶，有较强的情绪控制力，能保持情绪稳定与心理平衡，对外界的刺激反应适度，行为协调。⑤处世乐观，满怀希望，始终保持一种积极向上的进取态度。⑥珍惜生命，热爱生活，有经久一致的人生哲学。健康的成长有一种一致的定向，为一定的目的而生活，有一种主要的愿望。

一、健康管理与规划

运动方式	运动次数	运动时间	休息娱乐方式

二、大二身体健康目标与实施措施

身体健康目标	实施措施

三、心理调节与规划

  古今中外，大凡有作为和有成就的人才，无一不具有良好的心理素质。与之相反，一些才华横溢博学多识的人才，由于心理素质不完善而一事无成。一个人要有所成就，对社会有所贡献，身体健康是前提，心理健康是基础。具有正常的智力、积极的情绪、适度的情感、和谐的人际关系、良好的人格品质、坚强的意志和成熟的心理行为，是人才成长不可缺少的条件。

（一）心理健康可以使大学生克服依赖心理，增强独立性

  大学生经过努力的拼搏和激烈的竞争，告别了中学时代，跨入了大学，进入了一方全新的生活天地。大学生必须从靠父母转向靠自己。上大学前，想象中的大学犹如"天堂"一般，浪漫奇特，美妙无比。上大学后，紧张的学习、严格的纪律，使他们难以适应。因此，大学生必须注重心理健康，尽快克服依赖性，增强独立性，积极主动地适应大学生活，度过充实而有意义的大学生活。

（二）心理健康可以使大学生对自身有正确的定位，从而制定明确的前进目标

  心理健康包括自我意识的成熟。大学时期是一个人成长发展的加速期。这是因为大学生面临和中学不同的环境，思想认识上会发生变化，更多地思索学习为了什么、将来想要从事什么样的工作、希望得到什么样的人生。在理想与现实的差距中，许多大学生已经迷失了自我，迷

失了方向，不知道自己是谁，也不知道自己在做什么，其内心经历着种种自我评价与认知的矛盾和迷惘。自卑、自负、争强好胜、相互攀比、盲目竞争都是不恰当的自我定位。一个具有良好自我意识的大学生可以更全面、客观地评价自己，从而制定明确的前进目标。

（三）心理健康可以促进大学生全面发展

健康的心理品质是大学生全面发展的基本要求，也是将来走向社会，在工作岗位上发挥智力水平、积极从事社会活动和不断向更高层次发展的重要条件。大学生的个性心理特征，是指他们在心理上和行为上经常、稳定地表现出来的各种特征，通常表现为气质和性格两个主要方面。气质主要是指情绪反映的特征，性格除了气质所包含的特征外，还包括意志反映的特征。当代大学生的心理特征普遍表现为思想活跃、善于独立思考、参与意识较强、朝气蓬勃的精神状态等，这些有利于大学生的健康成长。充分认识德、智、体、美、劳等方面的和谐发展，是以健康的心理品质作为基础的，一个人心理健康状态直接影响和制约着全面发展的实现。

（四）心理健康是大学生取得事业成功的坚实心理基础

目前我国大学毕业生的分配工作已发生了很大变化，大学生都实行供需见面、双向选择、择优录用等方式，择业的竞争必然会使大学生心理上产生困惑和不安定感，惊叹"皇帝女儿亦愁嫁"。因此，面对新形势大学生要注意保持心理健康，培养自立、自强、自律的良好心理素质，锻炼自己的社会交往能力，使自己在变幻复杂的社会环境中，做出适宜自己角色的正确抉择，敢于面对困难、挫折与挑战，追求更加完美的人格，为事业成功奠定坚实的心理基础。

现代社会需要的是体力和智力协调发展、人格完善、才能卓越的人才。当今是人才竞争的时代，每一个大学生都应具备这种责任感和使命感，努力去适应社会对人才的需求。大学生要立志成才，首先要具备较高的思想道德素质、科学文化素质、心理素质和身体健康素质，而身体健康素质是大学生成才的重要因素。健康是人类生存与发展的最基本条件，健康既属于个人，也属于整个社会、国家和民族。大学生的身心健康关系到自己的成就、理想和前途，也关系到社会的进步、国家的昌盛和民族的振兴。新世纪给大学生带来了新的挑战、新的竞争与机遇。只有对未来有明确的努力方向，脚踏实地不断进取，有理想和事业上的追求，才能促进自身健康地发展，为提高自己的综合素质打下良好的基础。

心理健康自测表：

陈述	选项 是	否
1. 每当考试或提问时，会紧张出汗。		
2. 看见不熟悉的人，会手足无措。		
3. 心里紧张时，头脑会不清楚。		
4. 常因处境困难而沮丧气馁。		

续表

陈述 \ 选项	是	否
5. 身体会经常发抖。		
6. 会因突然的声响而跳起来。		
7. 别人做错了事，自己也会感到不安。		
8. 经常做噩梦。		
9. 经常有恐怖的景象浮现眼前。		
10. 经常会发生胆怯和害怕。		
11. 常常稍有不如意就会怒气冲冲。		
12. 对自己的容貌缺乏信心。		
13. 被别人批评时，会暴跳如雷。		
14. 他人请求帮忙时，会感到不耐烦。		
15. 做任何事情都松松垮垮，没有条理。		
16. 脾气暴躁。		
17. 一点不能宽容他人，对朋友也是这样。		
18. 被他人认为是很挑剔的人。		
19. 总是被误解。		
20. 经常犹豫不决。		
21. 经常把别人交代的事搞错。		
22. 会因不愉快的事缠身而一直忧郁，解脱不开。		
23. 有些奇怪的念头老是浮现于脑海，虽知其无聊，但仍无法摆脱。		
24. 尽管周围的人在快乐地取闹，自己却觉得孤独。		
25. 常常自言自语和独自发笑。		
26. 总觉得父母和朋友对自己缺少爱。		
27. 情绪极不稳定，善变。		
28. 常有生不如死的想法和感觉。		
29. 半夜经常听到声响，难以入睡。		
30. 感情很容易冲动。		

评分标准：每题选择"是"记1分，每题选择"否"记0分，各题得分相加，统计总分。

结果分析：0~5分，你的心理状态很好；6~15分，你的精神有些疲倦了，最好能合理安排学习和生活，劳逸结合，让神经得到放松；16~30分，你的心理不健康，有必要请心理医生给予指导和治疗。

知识引路

心理咨询小常识

一、什么是心理咨询？

心理咨询是一门科学、一门艺术、一种经验，咨询人员运用心理学的原理和方法营造良好的咨询气氛，解释来访者的心理困惑，与来访者一起，讨论来访者的心理问题，寻找问题的根源并制订解决方案，帮助来访者学会用更有效的方式对待自己、他人和生活中的困惑以适应社会生活的过程。

二、什么样的人需要心理咨询？

心理咨询的对象，即来访者可以分为三类：

（1）健康的人，他们咨询的目的是更深刻地了解自己、挖掘自我才能、发展自我，从而达到自我实现。

（2）生活事件应对不良者，其咨询目的是从咨询人员处学会应对技能，从而走出各种生活事件，如离异、丧偶、父母离异、升迁、婚嫁等带来的巨大心理冲击和由此而产生的适应不良。

（3）当持久性的心绪低落，常伴有焦虑、躯体不适和睡眠障碍时应考虑心理咨询。

三、心理咨询的几大误区

1. 有病的人才会去做心理咨询

寻求心理咨询的人绝大部分的人都是心理健康的正常人。他们在生活中遇到了自己无法解决的问题，如学习问题、人际交往问题、恋爱婚姻问题、家庭关系问题、子女教育问题、职业选择等问题。这些问题都是我们正常人生活的一部分，寻求专业人士的帮助是他们寻求心理咨询的主要动机。

2. 心理咨询就是聊天

谈话是心理咨询的主要形式，并不是一般意义的聊天。心理咨询的谈话可以分为以诊断求助者心理问题为目的的摄入性谈话和以纠正求助者错误的认知观念为目的的咨询性谈话。它和盲目的聊天有本质的不同。除了谈话以外，心理咨询还有其他方法和手段，如心理测验、音乐干预、绘画干预、角色扮演、团体活动等形式。

3. 心理咨询就是给你提建议

心理咨询工作的基本理念是"助人自助"。通过心理咨询过程，纠正求助者错误的认识观念和提高求助者的认识能力，通过求助者自身认识和观念的改变来协助求助者解决问题。咨询师的一个信条是"每个人都是解决自己的问题的专家"，求助者的问题只有求助者有能力、有资源来解决，而求助者的能力和资源只有求助者自己最了解，因此解决问题的方法主要靠求助者自己发现。心理咨询的目的并不是给求助者提建议,而是让求助者看到自己的问题,认识到自己具有解决问题的能力和找到解决问题的方法和途径,咨询师的任务是引导求助者找到解决问题的办法。

4. 心理问题可以一次解决

心理问题往往是无法通过一次心理咨询就能解决的,这是因为导致心理问题的解决有一个自然的过程。不能期望一次咨询就可以解决问题,如导致心理的错误观念的转变、不健康的行为方式的消除、童年不幸经历的创伤等,都不可能在一夜之间得到解决。因此,对心理问题的解决具有一定程度的耐心是必要的。心理问题解决需要的时间一般而言取决于两个因素。第一个因素是求助者的配合程度,如果求助者没有解决问题的意愿,或者对咨询师的要求不积极配合,就会拖延心理问题解决的时间。第二个因素是病程和泛化程度。心理问题形成的时间越长,需要的时间就越长,心理问题对工作、学习、生活、家庭等生活方面影响越大,解决起来需要的时间就越长。

5. 阅读心理问题自助书籍可以解决自己的心理问题

心理问题的解决首先需要正确诊断。求助者由于缺乏专业知识和能力,对自己的心理问题的性质、类型和病因缺乏正确判断,往往会夸大或者错误诊断自己的心理问题,结果是原来的问题没有得到解决,反而增加了新的烦恼。许多求助者就是因为对症状的诊断不了解而随意给自己诊断为强迫症、恐惧症等,结果带来更大的烦恼。其次,心理自助书籍往往对心理问题提出一般性的解决方案和策略,这种策略对读者缺乏针对性。每个人问题的形成原因、每个人的性格和能力、每个人解决问题的资源都是不同的,每个人问题的解决方案往往不可能照搬书上的解决方案。

6. 心理咨询万能论

把心理咨询"神秘化",认为无论什么事都可以通过咨询得到解决,希望从咨询师这里开出一服"灵丹妙药",马上就能"药到病除",自己却不愿付出更多的努力,完全依赖于咨询师。心理咨询不是"万能的",首先,它要求咨询的内容必须是心理方面的,其他方面则不是咨询的范围。其次,求助者的问题都是长期不良方式作用的结果,所以心理咨询要经历几个阶段才可能解决问题。最后,咨询师对求助者也有一定的要求,一般来说,求助者需要具备以下基本条件:智力正常,有交流能力,对咨询有一定的信任度,内容合适,动机合理等。

第五节 情感管理

建立起一个情感的支持系统

著名主持人杨澜曾说过:"没有一个女人那么能干,以至于一个人解决了所有问题。我很同意一个说法,你需要建立自己的支持系统。不只是一个人支持你,你需要有一个系统。像一棵树一样,必须有非常庞大的'枝系'。如果你是一根树枝,风一来你就会倒。"

一个良好且稳固的支持系统,除了自我的心理调适外,更包括良好的人际关系和家人的情感支持。人很少是被累死的,只有被烦死的,如果心情不愉快平和,有再大的能耐也干不长。学会赞赏和感恩是一个法宝。周围的亲人、同事都"人和"了,事业和生活的平衡点就会水涨船高。人不是一根插在土里的竹竿,更像一棵树,只有根系发达,才能茂盛繁荣。

从社会学角度来说,"支持系统"也成为个人的"社会支持网",它是由具有相当密切关系和一定信任程度的人组成,并在规范个人态度和行为时发挥着重要影响,是个人极为重要的社会资源。除了政府、企业、社区组织和市场等正式的社会支持系统外,我们更常接触的是非正式的社会支持系统,包括五种关系:血缘关系(父母、兄弟姐妹及子女)、亲缘关系(配偶及配偶一方的血缘关系)、业缘关系(同事、同学)、地缘关系(社区、邻里)和私人关系(朋友)。

在现实生活中,每个人都离不开人际交往。社会心理学家研究指出:在正常情况下,一个人每天除了 8 小时的睡眠时间以外,其余时间,大约有 70% 都要花在人与人之间各种直接的沟通和交往上。人际交往作为社会实践的重要组成部分,已经完全渗透到社会的每一个领域,甚至已经渗透到每一个人的生活中。大学生作为特殊的社会群体,其人际关系是整个社会人际交往的独特产物,是大学校园生活中不可忽视的一个重要方面,是每个人都应该认真修习的"必修课"。因此,了解人际交往知识,克服人际交往障碍,掌握人际交往技巧,建立和谐的人际关系,对大学生具有重要的意义。

一、情感误区

情感是人们对客观事物的态度体验,是一种好恶倾向。它不仅对交往中的行为有动力功能,推动或阻滞交往行为,同时也具有重要的信息功能,传达着交往的各种信息。大学生人际交往中的情感障碍集中表现在以下几个方面。

(一)自卑与孤傲心理

实际上,大学生在人际交往中,如果不能对自己做出客观公正的评价,就容易产生自卑心理。具体表现为对自己的能力或品质评价过低,轻视或看不起自己,担心失去他人的尊重。自卑是一种消极的情感体验,容易产生一种压抑、孤独的情感,产生自我认知和评价的偏差,常常感到自己不如别人。他们会因为学业不理想、家庭条件差、恋爱不如意,甚至对自己的容貌、身材缺乏自信引起自卑,担心受到周围人的嘲笑和蔑视,惧怕甚至回避与人交往。

相关链接

小慧可以说是幸运的宠儿,美丽聪明的她一直是异性追逐的对象。也许是从小就被宠坏的原因,她天生就有一种优越感。的确,无论在相貌上还是学习上她都是佼佼者。但她很少有朋友,特别在班上,同学们表面上对她笑脸相迎,但实际上都敬而远之。因为,她的光环太耀眼,别人同她在一起会感到一种压力和不自在。偏偏小慧也因为自己有才有貌,说话时会有种盛气凌人的样子,而且还习惯以自我为中心,让同她相处的人感到格外的不舒服。

无论是自卑还是孤傲，这两种心理特征都是不健康的，不仅不利于大学生人际关系的健康发展，同时还会影响他们对自己的正确认知，不利于健康人格的形成。

（二）猜疑与嫉妒心理

猜疑和嫉妒是人际交往中痛苦的两大根源，不只是对自己，对别人也是如此。猜疑和嫉妒往往相伴而生，是使人际交往陷入困境的重要情感误区。

英国伟大的剧作家、诗人莎士比亚就曾说过："您要留心嫉妒啊，那是一个绿眼的妖魔，谁做了它的牺牲品，就要受它的玩弄。"西班牙作家塞万提斯也指出："嫉妒者总是用望远镜观察一切，在望远镜中，小物体变大，矮个子变成巨人，疑点变成现实。"大学生在人际交往中的嫉妒心理，往往表现为对他人所取得的成绩、所具有的优势心怀不满，进而产生嫉恨，甚至会中伤、诋毁或者在别人陷入困境时幸灾乐祸。无疑，嫉妒极易导致人际冲突和交往障碍。

同时，嫉妒会使不善猜疑者开始猜疑，而猜疑是构建和谐人际关系的障碍和绊脚石。《列子·说符》中有一则典故：从前有个乡下人，丢了一把斧子。他怀疑是邻居家的儿子偷去了，便观察那人。看那人走路的样子，像是偷斧子的；看那人的脸色表情，也像是偷斧子的；听他的言谈话语，更像是偷斧子的，那人的一言一行、一举一动，无不像是偷斧子的。不久后，丢斧子的人在上山的时候发现了他的斧子，第二天又见到邻居家的儿子，就觉得他言行举止没有一处像是偷斧子的人了。典故中丢斧的人怀疑邻居偷了他的斧头，便胡乱猜疑，觉得那人的一切言行都与所怀疑的事情相吻合，而事实证明了他的猜疑无异于庸人自扰、无中生有。

英国哲学家培根说过："多疑之心犹如蝙蝠，它总是在黄昏中起飞。这种心情是迷陷人的，又是乱人心智的。它能使你陷入迷惘，混淆敌友，从而破坏人的事业。"有猜疑心理的人，总是用怀疑和不信任的眼光去审视对方和看待周围的事物，会在主观上设定自认为的假象，然后再在现实中寻找证据。每当听到别人议论什么，就认为是与自己有关。同学有时态度冷淡一些，就会觉得同学对自己有了看法。结果处处敏感多疑，对他人失去信任，对自己也同样心生怀疑，损害正常的人际关系，给自己带来无尽的苦恼。

相关链接

在长春某重点高校念热门专业的大一学生小蕾（化名），几次找到老师要求退学。在老师的眼里，"小蕾写得一手好文章，还弹得一手好钢琴。入校不久，她就因文笔出众，被校内文学团体破格吸收为会员"。听说她要退学，大家都很吃惊。经过了解，小蕾要退学的理由主要有两个：一是因为自己是自费生，要花10多万元的学费，父母负担太重；二是因为觉得同学们都瞧不起她，虽然表面上大家都比较客气，但是总在背后议论她，以至于她感觉"大家都挺虚伪的，一回到寝室，就胸口发闷"，甚至觉得"活着没意思"。据小蕾的父亲讲，家里并不缺钱，供孩子读自费根本不成问题。小蕾的老师也描述说："当小蕾讲到第二点退学理由时，就变得烦躁不安，最后竟然泪流满面。"由此，老师们认为，在大学人际交往中感到不适,甚至产生深深的受挫感,才是小蕾想退学的根本原因。

点评:有了良好的人际关系,人才会对所处的环境产生归属感和安全感。小蕾主要由于在适应大学的人际关系环境中遇到了挫折,在人际交往中出现了人际交往敏感问题,比较敏感和多疑,总以为别人在议论自己、瞧不起自己,心里感到紧张和不安,进而觉得自己与周围的人格格不入,产生心理压力,遂产生退学的想法。

(三) 羞怯与封闭心理

羞怯与封闭是人际交往中重要的心理障碍。其中,羞怯是一种常见的心理现象,在大学生人际交往中常常表现为做事腼腆,或动作忸怩,不自然,脸色绯红,说话音量低且很少和对方有眼神交流,严重者怯于交往,对交往采取回避的态度。有关资料表明,只有5%的成年人确信自己从未感到羞怯,大约80%的人认为自己在儿童和青少年时期感到过明显的羞怯。可见,羞怯心理是绝大多数人都会有的一种心理,只是每个人羞怯的时间和程度不一样罢了。但羞怯确实会形成人际交往障碍,具有这种心理的大学生,由于过分约束自己的言行,主观上不愿意与他人交往,无法充分表达自己的思想和情感,无法与他人建立正常的沟通,不愿意参加各项集体活动,总是游离于集体视线之外,久而久之,就会造成交往双方的不理解或误解,彼此之间的关系就会逐渐疏远,妨碍了良好的人际关系的深入发展。

伴随羞怯心理产生的是人际交往的自我封闭。由于羞怯心理作祟,此类大学生缺乏交往的勇气和行动,与同学直接的面对面的交流和情感互动比较少,同学间关系逐渐疏远,长此以往就会造成恶性循环,导致对人际关系的畏缩逃避,将自己完全封闭起来。这就好似契诃夫笔下的"套中人"——别里科夫。

二、情感管理大盘点

情感管理目标	实施计划	如何改善	个人感想
亲情			
友情			
爱情			

三、亲情 2+1

管理目标	
给家里打电话的次数	
是否愿意与父母沟通	
回家的次数	
父母对我的影响	
是否愿意倾听父母的建议	

知识引路

感恩父母

——让我们更爱我们的父亲母亲

◆ 沟通：和父母之间的代沟是难免的，出现分歧最好的解决办法就是沟通，没有什么事情是不能解决的。让父母知道你现在的想法、你现在的心态和你想要干什么。这样他们会觉得自己孩子的心离他们很近。如果你住在外面，那就常回家看看他们。

◆ 行动：帮妈妈洗洗衣服，给妈妈揉揉肩，为爸爸准备好洗脸水、一杯茶，让他们感受到你长大了，懂得关心人了。有些感情是不用言语的，这就是亲情，你心里有他们，行动上就要表现出来，他们自然就会感受得到。

◆ 理解：生活当中难免与父母发生矛盾，我们应该多体谅父母，也许他们在教育方面存在一些问题，但可怜天下父母心，他们都是为我们好。所以，要多理解、关心、关爱我们的父母。

四、友 情

喜新：

新认识的人	身份	可提供的帮助	对我的影响

恋旧：

老朋友	再认识	反思

让我们的友谊天长地久

◆ **友谊是双方的**

我们既要为朋友着想,也要维护自己。为朋友做些力所能及的事情。诚信乃交友之本。

◆ **多交流**

多与朋友联络和交流,关心朋友的生活,在他们需要的时候伸出友谊之手;同时,在交流的过程中,能更多地了解彼此,从而进一步增进感情。

游戏:你的支持系统

游戏很简单,写下题目"我的支持系统"。写好后,就在下面的1,2,3,…中写下你朋友的名字,具体多少随你,可以是三五个,也可以是十个,甚至更多。

完成后,请设想,当你遇到灾难或是无以名状的忧郁、危机之际,你将和谁倾心交谈?你会向谁发出 SOS 呼救?你能得到谁的帮助?

请细细端详,归纳整理。先看看谁是患难之交、谁是酒肉朋友,再看看性别比例是不是均衡。如果都是男性或女性,就有些问题。很可能你还没学会和异性成为真正意义上的朋友,关系不是太远就是太近。

再看看有无年龄的跨度。好的支持系统,年龄恰像春雨,均匀地覆盖在青年、成年和老年各块土地上。人生阅历不同,各个年龄段的人有着不同的经验和感悟。为了使你的支持系统更有效和坚实,跨度是必要的。

支持系统要有一定的绝缘性。你有事业上的朋友,也要有生活上的朋友,以及感情上的朋友……让你的支持系统始终保持良好的状态,朋友间不要有太多的横向联系。这并非要离间你和朋友们的关系,而是从系统的最佳状态着眼,以免一荣皆荣,一损皆损。支持系统是我们的隐私,是情感阁楼最隐蔽和强有力的支撑结构,万不可掉以轻心。

从本质上讲,人是孤独的动物,他人的温暖和帮助是心理维生素。任何对支持系统的轻慢,即便不说是愚蠢,也是无知和疏漏。

想在伤痕累累的时候,有一处疗伤的山谷,就要建立自己的支持系统。不想虚度人生,让快乐相乘,让哀伤除减,那么建设你的支持系统吧!它不仅是我们的心理依靠,也是我们存在的根据和依恋人生的重要理由。

有人会问,这是不是太功利了?我喜欢自然的友谊,不喜欢刻意的设计。历史上当然不乏高山流水琴瑟齐鸣的友谊,但那毕竟是可遇而不可求的佳话。作为普通人,要让自己的生活更幸福,要让自己在突然的挫折和厄运面前比较从容镇定,将伤害减到最小,没有上帝可以倚靠,只有靠自己未雨绸缪的建设。临时抱佛脚的态度,才是实用和功利的。

系统的名单太少,要酌情增加;系统的名单太长,要删繁就简。心是有限的舞台,不可能摆放太多的座位。有人会说,朋友当然越多越好。朋友和支持系统并不完全是一个概念,虽然它们在相当多的场合重叠。朋友可能是因为利益关系结成的伙伴,当利益淡去的时候,朋友也许会消失。支持系统关怀的是你这个人,而不是单纯的利益。即使有一天你没有了实用价值,系统也和你在一起。

在支持系统上，要舍得下功夫。如果你把它当成"永动机"，那就错了。即便是父母，如果你没有和他们持之以恒地交流互动，危机来临时，他们也很难在第一时间明白你的困苦和需求，给予恰如其分的支援。

面对名单想想看，你已经多久没和他们促膝谈心了？你已经多久没和他们沟通你的想法和变化了？你已经多久没和他们一道喝茶和共进晚餐了？

支持基本上是双向的。无条件地求助别人的心理支撑，就如同乞丐的乞讨，并不总能如愿。从某种程度上说，无偿索取是一种讨巧和冒险。

你选择的支持系统，也表明了你是怎样的一个人，你选择了怎样的生活方式。很难设想，一个纸醉金迷的纨绔子弟，会有一个明智清醒的支持系统。也很难想象一个运筹帷幄、举重若轻的先哲，会有一个鸡飞狗跳、朝三暮四的支持系统。

最好的支持系统，是当你哭泣的时候，他会默默地递上纸巾；在你没有停止流泪的时候，他不会问你缘故。如果你不说，他会尊重你；如果你说下去，他不会打断你。

最好的支持系统，是在你忘乎所以的时候，兜头泼下的一桶夹着冰碴的水，锥心刺骨的同时，猛一机灵就想起了自己的本分。

最好的支持系统，是在你高兴的时候比你还要高兴，却不会吹捧和阿谀你的人；最好的支持系统，是在你痛苦的时候比你还痛苦，却不会让你看到他眼泪的人。

照料支持系统，需要很多精力，不过它的回报，即使在最苛求的经济学家那里，恐怕也觉得物有所值。为你的支持系统画一张新的蓝图，用一生的时间，编织你美丽的支持系统吧！在你积累物质财富的同时，也不要忘记浇灌你支持系统的田垄。在那些为了利益的杯觥交错之外，也有知心朋友间一盏香茗、两杯咖啡的清谈。

系统无言。

如果你在空中，它是一朵蒲公英般的降落伞。

如果你在水中，它是一艘堡垒般的潜水艇。

如果你在人间，它是你心灵的风雨亭。

(据毕淑敏《心灵7游戏》整理)

五、爱　情

爱情是人类特有的精神生活，是一种圣洁、崇高的感情生活，它关系着事业、理想和人生。因此，谁见了这两个闪光的字眼都会激动，并努力去寻求和获取它。恋爱是获得爱情的过程和阶段，是人与生俱来的权利，是人性中的至纯至洁；恋爱是一位导师，她教人怎样做人，她能够使两个有缺憾的生命结合为一个完善和充实的新生命。每个人在恋爱过程中都会经历只有自己才能体会到的酸甜苦辣。青年大学生正处在长知识和长身体的最佳阶段，一份甜蜜而又美好的恋爱可能是学业和事业的催化剂，但是如果处理不好可能会造成终生的遗憾和悔恨。因此，青年大学生在涉足爱河时要很好地把握、理性地对待。

经典案例

鲁迅和许广平的爱情

许广平，广东番禺人，出身名门望族。1923年，许广平考入北京女子高等师范学校国文系，成了鲁迅的学生。1924年冬，许广平因参加驱逐校长杨荫榆的斗争，被污为"害群之马"而遭到"开除学籍"的处分，对此许广平坚持斗争，并得到鲁迅热情的支持。此后，许广平不断地用拜访和写信的方式向鲁迅求教，鲁迅也给予热情而诚恳的答复和帮助。他们之间频繁通信，在信中，鲁迅戏称许广平为"害马"。

"害马"闯进了鲁迅的生活，给他带来了青春的热力和女性的柔情。她向他请教，和他倾谈，切磋学问、写作和战斗的策略、方法，还帮助他抄写稿子，流着眼泪劝他爱惜身体，担心地询问他褥子底下两把匕首的用途，而且实行了"缴械"。许广平的劝谕，其词恳切，其心坦诚。鲁迅笑了："你真是个傻孩子！""刀是防外来不测的，哪里是要自杀。"和许广平的交往，给鲁迅带来了感情上的慰藉，使他那强自抑制而沉睡的爱情苏醒了。但"人生最苦痛的是梦醒了无路可走"，爱情苏醒了，固然有欢娱，同样也有苦痛。这里有内在的与外在的、家庭的与社会的、新道德的与旧道德的种种矛盾、种种障碍。但最使鲁迅踌躇、不安的，还是许广平的青春年华和幸福，他们相差17岁，一方已婚，一方未婚。所以鲁迅一直有这样的自知和自省："那个人不是太为我牺牲了吗？"他考虑的首先不是自己，而是女方，是她的青春和幸福。

鲁迅和许广平，从年龄上说是两辈人，但从经历来说，又差不多是同代人。在婚姻问题上，他们曾受过封建婚姻的桎梏。在个人经历上，五四运动既唤醒了许广平的民主觉悟，也成了鲁迅参加新的民主斗争的开端。他们在女师大相遇，在反封建的学潮中相知，在相互支持的战斗中培养着师生之谊、男女之情。共同的命运和斗争的经历、目标，是他们结合的思想感情的基础。

许广平曾说道："对于鲁迅，我同情他'陪着做一世牺牲，完结了四千年的旧账'而拼命写作，于寂寞中度过一生的境遇；而又自觉我比他年纪轻些，有幸运解除婚姻的痛苦。因我之幸运，更觉他的遭遇不幸而同情起来。这也许是我们根本思想——反抗旧社会——一致的缘故，才能结合起来。"

据许广平生前告诉准备在银幕上扮演她的形象的于蓝同志说，她与鲁迅确定爱情关系是在1925年10月。当月12日，许广平以"平林"的笔名在鲁迅主编的《国民新报》副刊乙刊上发表《同行者》，热情地表示她要与他同行，这是他们的定情书。定情意味着战斗，与伪善者战斗，与旧观念战斗，许广平甚至不惜同自己的名门望族决裂。在另一篇散文《风子是我的爱……》中，许广平描绘他们定情的实况和心思："风子（象征鲁迅）是我的爱，于是，我起始握着风子的手。奇怪，风子同时也报我以轻柔而缓缓的紧握，并且我脉搏的跳荡，也正和风子呼呼的声音相对，它首先向我说，'你战胜了'！……既然承认我战胜了！甘于做我的俘虏了！即使风子有它自己的伟大，有它自己的地位，藐小的我既然蒙它殷殷握手，不自量也罢！不相当也罢！同类也罢！异类也罢！合法也罢！不合法也罢！这都于我们不相干，于你们没关系，总之，风子是我的爱……！"这里把他们明确恋爱关系的情景描绘得十分具体、动人，既是诗意的表现，也有历史的内涵，"藐小的我"战胜了，"伟大的风子"竟成了"俘虏","合法"与否，不在考虑之列。这不是信笔的虚构，而是生活的写真。

他们两人，一个是爱情的来潮，以青年人特有的热烈与大胆，犹如脱缰骏马，欢腾跳跃；一个是爱情的苏醒，带着中年人久经磨炼的冷静与忧思，"寻求那逝去的悲凉漂渺的青春"，当"爱的翔舞"降临时，他也报之以"轻柔而缓缓的紧握"，真心实意地写着一封封回信，但内心总还是罩着淡淡的哀愁。为了让生命之树常青，爱情之花常开，鲁迅和许广平一起到南方去，好让"明月"来彻底驱散他生活中寂寞的阴云。

后来，许广平彻底否定鲁迅的想法，坚定地拉着老师兼恋人的手，冲破人、我设置的桎梏和障碍，勇敢地去开辟前进的道路。这给鲁迅以极大的鼓舞和安慰。鲁迅也明白地宣称："我先前偶一想到爱，总立刻自己惭愧，怕不配，因而也不敢爱某一个人，但看清了他们的言行思想的内幕，便使我自信我绝不是必须自己贬抑到那么样的人了，我可以！"二人互相慰勉、鼓励，携手共走人生新的征途，这就是他们当时的抉择和心境！

（节选自：林志浩. 鲁迅传. 北京：北京十月文艺出版社，1991）

点评：爱情作为一种高尚的道德情感，真正的爱情能够经受住艰难困苦的磨炼，显示出巨大的魅力。它能激发人的斗志与毅力，激发人的创造热情，激发出个性中善良的品质。

（一）做好爱的准备

1. 学会爱自己

埃克哈特大师曾说过："如果你爱自己，你就会像爱自己那样爱其他的每个人。只要你对其他人的爱不及对自己的爱，你就不会真正地爱你自己，但是如果你同样地爱所有人，包括爱你自己，你就会爱他们像爱一个人，这个人既是上帝又是人类，这样的人就是一个爱自己，同样也爱其他所有人的伟大而正义的人。"

爱自己的重要表现就是自信，既对自己有信心，能欣赏自己，肯定自己；同时，不会以某次的失败来否定自己。这样就会比较主动地生活，去追求理想。

（1）爱自己首先需要正确的自我认知。特别是女生，更要积极关注恋爱中的自我，有人说"恋爱损伤女性的大脑，降低判断力"，事实上恋爱特别是热恋中男女都会将恋人"理想化"，特别是热恋中快乐与痛苦的心理感受都是放大了的。处于热恋中时，男女都会认为自己是世界上最幸福的人，而失恋后便认为自己是世界上最痛苦的人。固然，恋爱双方强烈而丰富、敏感而不稳定的感情并非异常，但如果陷入情感的幻想中，自我判断、自我评价与自我意识都会发生偏差，有的因为恋爱失去了自我，有的因为恋爱更加自恋，有的因为恋爱更加成熟，这其中的差异在于个体对自我的认知。

（2）爱自己要学会珍惜自己的感情，尊重自己的感情。当"新新人类"进入大学校园，以一种反传统、自我贬损、充分的自我张扬的方式凸显其个性时，如韩国剧《我的野蛮女友》，靠身体的对抗与争执赢得爱情，受到大学生的喜欢。时尚的未必是永恒的，也未必是正确的。大学时期的感情纯洁、真诚，这也是将来幸福生活的基础。有的同学因为恋爱而放纵自己的感情，甚至本不是爱情，仅仅为了满足自己生理与心理甚至物质的需求，用青春与爱情赌明天，这不是珍惜感情的体现。

（3）爱自己要学会说"不"。特别是在热恋时，要控制爱情的温度。1994年，美国青年发表了"真爱要等待"的宣言——本着真爱要等待的信念，我愿意对我自己、我的家庭、我的异性朋友、我未来的伴侣及我未来的子女,有一个誓约:保证我的贞洁,一直到我进入婚约的那天为止。这昭示着美国青年个人生活更加严肃,这也是爱自己的重要方面。

(4) 爱自己也包含对自己负责。恋爱不是为了让人们放弃自我,而是学会更加负责地生活。这当然也包括失恋后的自爱。一个人只有本着对自己高度负责的态度学习、生活,处理好恋爱中的自我与他人、现在与未来、学业与爱情等关系。爱不仅是情人节的玫瑰,也不仅只是每日的相守,更是守望的美丽与对彼此生命负责的人生态度。

2. 学会爱他人

爱自己和爱他人是密不可分的。人们只有认识对方、了解对方,才能尊重对方。你只有用他人的目光看待他人,让自己的兴趣退居二位,才能了解对方。爱他人不是无我状态,按照对方塑造自己,也不是将你爱的人塑造成你所喜欢的人。爱他人包括以下几个方面:

(1) 尊重你爱的人。恋爱既是两个人心灵的共鸣,又是自我成长,是使双方积极的潜能发挥而非按照某种愿望或标准塑造对方,使其成为你希望的那样。事实上,每一份爱情中,都包含着期待效应,对方都在向着彼此喜欢的方向发展。这就要求更加尊重你所爱的人,让对方在爱的港湾中自由发展,以他自己喜欢的方式发展自我。

(2) 帮助对方积极发展自我。恋爱唤醒沉睡的心灵,积极的恋爱使个体潜在的心理能量得以释放,为所爱的人努力。爱也是积极向上的精神力量,催促着相爱的两个人向着更好的自我发展,更加努力地自我完善、自我发展,而非自我束缚、自我放纵。重要的是将爱情引向积极的有利于人类发展的方向。

(3) 共同创造美好未来。真正的爱是内在创造力的表现,包括关怀、尊重、责任心、了解等。爱不是一种消极的冲动,而是积极追求被爱人的发展和幸福,共同创造美好的未来。

3. 内心储满爱

爱的能力首先看内心储存了多少爱可以给予。如果一个人内心是干枯的,没有爱可以付出,也就缺乏爱的能力的基础。

(二) 培养爱的能力

爱的能力实际是一种综合的素质,表现为在爱的过程中许多方面的能力。

1. 表达爱的能力

当你爱上一个人时,能否用恰当的方式和语言向对方表达出来呢?表达爱需要勇气,需要信心。表达爱是在表明爱一个人也是幸福,即使可能得不到回报,你也要让对方知道他/她被一个人爱着,这是一种崇高的境界。

2. 接受爱的能力

当期望的爱来到身边,能否勇敢地接受也是爱的能力的表现。有些大学生在别人向自己示爱后,内心挺高兴,但又不敢接受别人的爱,或者对爱缺乏心理准备,或者觉得自己不配,不值得被爱,因而失去发展爱的机会。

3. 拒绝爱的能力

有爱的能力的人不是对爱来者不拒,或者将认为不是自己的爱简单地拒之千里。当然也有不少大学生当别人向自己示爱时有些优柔寡断,既怕伤害对方,又怕对方误会。拒绝爱的能力,首先表现为对他人的尊重,要感谢对方对自己的欣赏和感情;其次,要态度明确,表达清楚,即向对方表明双方的关系,是同学还是一般朋友,或者什么都不是;最后,行动与语言要一致。可能有些学生怕对方受伤害,虽然语言上拒绝了对方,但是行动上还与对方有较亲密的接触,如单独去看电影、吃饭等,这使对方容易误解,认为还有机会,认为你还纠缠在与其的情感中。

4. 鉴别爱的能力

鉴别爱是指能较好地分清什么是好感、喜欢和爱情。有鉴别爱的能力的人,既自信,也尊重别人。有鉴别爱的能力的人,会自然地与别人交往,主动扩展交往的范围,珍惜友谊,会尽量多体验他人的感受。过于自我孤立,会从自我的角度考虑问题,对他人和自我感受的认识往往会发生偏离。

5. 解决爱的冲突的能力

爱的冲突一方面来自日常生活中的不一致或不协调,另一方面来自性格的差异。相爱的人不是寻求两人的一致而是看如何协调、合作。爱需要包容、理解、体谅,会用建设性的方式去解决冲突。沟通是非常有效的方式。恋人间需要有效的沟通,表达清楚自己的思想、感受。伤害性的争吵或者冷战都不利于问题的解决。

6. 面对失恋的心理承受力

失恋是人生中一个很大的挫折,考验的是人的耐受挫折的能力。失恋使人痛苦,这是很自然的事,每个失恋的人都会有,只是程度有差别。失去爱会使人感到一种重要关系的丧失,一种身份的丧失,需要一定的时间去面对和适应。大学生应该正确认识失恋,具体体现在以下几个方面:

(1) 失恋只是一种选择的结果

所爱的人没有选择自己不等于自我的全面失败,一无是处。每个人在爱的关系中心理需要不同,看重的关键点不同。每个人都有可爱的一面,只是不同的人欣赏的角度不同。

(2) 在失恋中学习,把失恋作为一种人生的财富

也许失恋给人带来的强烈的内心冲击是其他事件所不能替代的,在这个过程中所体会到的情感、那份挣扎与痛苦,实为一笔人生财富,使人有了更多的人生体验,人会在失恋中变得更加成熟。

(3) 失恋给人再恋爱的机会

一次失恋不等于整个爱情生命的结束,还会有再次恋爱的机会,再次体验美好的爱情,只要用心去体验、去建设、去学习和感受。

7. 保持爱情长久的能力

爱需要两个人真正地关心对方,走进对方的内心世界,以对方的快乐作为自己的快乐。要保持爱情的常新,需要智慧、耐力、持之以恒及付出心血,同时又有自己的个性,有自己的追求与发展。学新的东西、善于交流、欣赏对方,是爱的重要源泉。只有这样做,才能保持爱情的长久。

(三) 培养正确的恋爱观

所谓恋爱观,是指人们对恋爱问题所持的基本观点和态度,是人生观的组成部分。由于多种因素的影响,当代大学生对于恋爱观缺乏足够的重视和正确的认识,导致大学生在恋爱问题上出现一系列的问题,对恋爱的当事人造成了伤害,而且,这种伤害和痛苦很可能伴随

大学生的一生，成为其心中永远挥之不去的阴影。因此，培养大学生树立正确的恋爱观就显得至关重要和必要。

1. 端正恋爱动机

现在大学生恋爱动机呈现出明显的多元化态势，而其中一些动机不端。一些大学生功利倾向明显，以权势、地位、金钱、就业、住房、家庭、出国等一系列的附加条件取代爱情，恋爱的动机在于以恋爱为载体获得金钱和权力，让自己少奋斗几年、几十年，忽视爱情本身；有的大学生谈恋爱就是因为心情烦恼、无聊，为了填补空虚的心理，"不在寂寞中恋爱，就在寂寞中变态"；或者是攀比心理作祟，为了满足虚荣心，"别人恋爱我不恋爱就说明我比别人差"；有的大学生把恋爱和婚姻完全隔离，存在"不在乎天长地久，只在乎曾经拥有""校园恋爱小试牛刀，社会恋爱大展宏图""校园恋爱就是玩玩"等想法；有的同学恋爱就是找帅哥、美女；一些同学的动机更是简单明了，就是为了寻找性伴侣……

其实，恋爱动机的单纯与端正是恋爱成功的先决条件，恋爱是寻找志同道合、心心相印的伴侣，而不是通过恋爱获得性欲的满足，得到金钱和权力，更不能把恋爱作为消闲和打发时光的玩具。否则，在不端恋爱动机的驱使下盲目恋爱，非但不能品味爱情的纯美与甘甜，反而形成了对爱情的误解，破坏和扭曲了爱情在自己心目中的美好形象，"爱情也就那么一回事，没什么意思"。爱情的真谛在于奉献而不是索取，只想索取，不想奉献，会丑化和毒化爱情中美好的东西。

在恋爱时综合考虑对方的经济、外貌、爱好、家庭、脾气、性格等，这也是正常的和必要的。但是，这些绝对不应该成为恋爱动机的决定因素。恋爱动机的单纯和端正体现在把寻找人品端正的人放在首位，因为只有人品好的人，才能看重感情。这里的人品不是一个抽象的概念，而是有其具体的内涵，包含勇敢、正直、用心、责任、投入、爱心、奉献、和谐等一系列的品质。这样，才能建立真正的、经得起考验的爱情；才能从恋爱到婚姻，美满幸福相伴一生；才能真正体会到爱情的美好、人生的幸福。

2. 培养健康的恋爱心理与行为

在大学生的恋爱中存在着不健康的心理和行为，对恋爱者产生了消极的影响。而大学生往往在恋爱的时候，缺乏对恋爱心理和行为的理性认识，常常不自觉地产生不健康的心理和行为，害人害己。因此，必须培养健康的恋爱心理与行为。

（1）正确对待恋爱的排他性。

恋爱具有专一性，恋爱双方对对方的忠诚是爱情的重要基础。恋爱中的男女对对方与异性朋友的交往十分关注，这也是对对方的一种重视的表现，是正常的。但是，这种排他性心理和行为发挥到极致就会产生严重的后果。一般会让双方经常吵闹，信任度降低，产生隔阂；严重的会使双方反目成仇，导致恋爱关系破裂，甚至会使恋爱者形成变态性嫉妒，产生严重的心理疾病，而且这种情况波及其他人，造成人际关系的紧张，严重的会出现一些激烈的行为，如打架斗殴等。因此，恋爱双方要对对方同异性的交往保持一定的宽容，要信任对方；双方在与异性交往时要保持良好的度，而且要与恋人及时沟通，排除对方的怀疑和忧虑。

（2）慎重对待婚前性行为。

现在大学生同居现象日趋增多，一方面是受西方"性解放、性自由"思想的影响，另一方面是由于高校性教育的薄弱，学生对性充满好奇，想尝试。热恋中的大学生，往往由于一时的冲动突破理智的界限发生性行为。大学生非婚性行为的类型比较复杂，这里只讨论与自己的恋爱对象发生性行为这一类型。

一位即将大学毕业的女大学生在日记中写道："我是家里的老幺，是父母的掌上明珠，平时家人对我都十分溺爱。考上大学的时候，父母鼓励我要多交朋友，他们灌输给我的是年轻时可以挑人家，再过几年就换成人家挑我了。他们告诉我，现在大龄姑娘太多了，不要只顾学习，有了男朋友，也就有了依靠。一些长辈也对我说，找对象重要，这是一辈子的大事，要把握住时机。女孩子青春太短暂，再丑的女孩子只要年轻，有青春气息，就不愁没有人要；再漂亮的女孩，过了结婚年龄就讨人嫌了。我被周围的'高论'潜移默化了。就这样，为结婚而找对象成了我大学四年必修的学分，无形中在我的心里产生了很大的压力。

"我是个文静而柔顺的姑娘，同学们都说我会成为标准的贤妻良母。追求我的男生虽然很多，可我最后选择了他，因为他风度翩翩，待人热情。我们的感情增进得很快，我俩的足迹踏遍了校园的每个角落。一个天气闷热的晚上，他邀我出去兜风。在一个僻静的郊外公园，他对我提出了性要求。我没有一点戒备之心，因为社会连同我的父母早已把我驯服。当我找到一个很爱的人，我便认定他是我未来的依靠，后来我还怀上了他的孩子。没想到他原来是一个衣冠禽兽，在占有了我的身体并玩腻之后，最后一脚把我踢开……"

从这个女生的日记我们可以看出她的悔恨，之所以造成这样的悲剧主要在于她没有正确区别恋爱和性行为，婚前爱一个人不需要性的付出，尤其是对大学生而言，婚前性行为是社会道德准则和学校纪律所不允许的。婚前性行为一旦发生，会给当事人双方造成心理压力和身心痛苦，尤其对未婚先孕的女生来说，问题更为严重，这会影响今后正常的婚姻生活和家庭幸福。因此，谈恋爱的大学生要在道德上有责任感，在心理上要把握住婚前和婚后的界限，在言语上要防止挑逗和过分的亲昵，防止婚前性行为。

（3）正确对待"恋爱光环效应"。

心理学认为，当一个人在别人心目中有较好的形象时，他会被一种积极的光环所笼罩，从而也会被他人赋予其他良好的品质。这就是"光环效应"。当你对一个人产生好感时，他的身上会出现积极的、美妙的，甚至理想的光环，在这种光环的笼罩下，对方外貌、心灵上的不足被忽略，甚至人为地被赋予了很多美好的品质。

光环效应既有积极意义，也有消极意义。其积极意义是有利于加强双方的交往，有益身心健康；其消极意义是由于这种光环的笼罩，会使人产生错觉，掩饰了对方的缺点，特别是品质上的缺点。俗话说："情人眼中出西施"，亦是这种光环效应的结果。热恋中，钟情的小伙子认为他心爱的姑娘是皎洁的月亮，被陶醉了的姑娘觉得她的意中人是炽热的太阳，双方都被理想化了。然而随着交往的深入，会发现皎洁的月亮上也有阴影，女方也会发现炽热的太阳还有黑子。因此，恋爱中的双方一定要正确对待"恋爱光环效应"，能理性分析问题，避免出现感情危机。

相关链接

大学生恋爱观心理自测表

指导语：每一个问题的下面，都有四种不同的选择，请选择符合你自己想法的那一字母，每题只选一个，然后对应后面的评分表格算出你的分值。

[测评题目]

1. 你想象中的爱情是（　　）。
   A. 具有令人神往的浪漫色彩　　　　B. 能满足自己的情欲
   C. 使人振奋向上　　　　　　　　　D. 没想过
2. 你希望同你恋人的结识是这样开始的（　　）。
   A. 在学习和工作中逐渐产生爱情　　B. 青梅竹马
   C. 一见钟情也未尝不可　　　　　　D. 随便
3. 你对未来妻子的主要要求是（　　）。
   A. 别人都称赞她的容貌　　　　　　B. 善于理家
   C. 顺从你的意见　　　　　　　　　D. 能在多方面帮助自己
4. 你对未来丈夫的主要要求是（　　）。
   A. 有钱或有地位　　　　　　　　　B. 为人正直，有事业心
   C. 不嗜烟酒，体贴自己　　　　　　D. 英俊有风度
5. 你认为完美的结合应是（　　）。
   A. 门当户对　　B. 郎才女貌　　C. 心心相印　　D. 情趣相投
6. 你认为巩固爱情的最好途径是（　　）。
   A. 满足对方的物质要求　　　　　　B. 柔情蜜意
   C. 对爱人言听计从　　　　　　　　D. 完善自己
7. 在下列格言中，你最喜欢的是（　　）。
   A. 生命诚可贵，爱情价更高
   B. 爱情的意义在于帮助对方，同时也提高自己
   C. 有福同享，有难同当
   D. 为了爱，我什么都愿干
8. 你希望恋人同你在兴趣爱好上（　　）。
   A. 完全一致　　　　　　　　　　　B. 虽不一致，但能互相照应
   C. 服从自己的兴趣　　　　　　　　D. 互不干涉
9. 当你发现恋人的缺点时，你的态度是（　　）。
   A. 无所谓　　　B. 嫌弃对方　　C. 内心十分痛苦　　D. 帮他改进
10. 你对恋爱中的曲折怎么看？（　　）。
    A. 最好不要出现　　　　　　　　　B. 自认倒霉
    C. 想办法分手　　　　　　　　　　D. 把它作为对爱情的考验
11. 你对家庭的向往是（　　）。
    A. 能同爱人天天在一起　　　　　　B. 人生归宿
    C. 能享天伦之乐　　　　　　　　　D. 激励对生活的新追求
12. 自己有一位异性朋友时，你将（　　）。
    A. 告诉恋人，在其同意下继续交往
    B. 让恋人知道，不能干涉
    C. 不告诉
    D. 告诉与否看恋人的气量而定

13. 另一位异性比恋人条件更好，且对自己有好感。你会（　　）。
A. 讨好对方，想法接近　　　　　B. 保持友谊，说明情况
C. 持冷淡态度　　　　　　　　　D. 听之任之

14. 当你迟迟找不到理想的恋人时，（　　）。
A. 反省自己的择偶标准是否实际　B. 一如既往
C. 心灰意冷，甚至绝望　　　　　D. 随便找一个

15. 当你所爱的人不爱你时，（　　）。
A. 愉快地同他分手　　　　　　　B. 毁坏对方名誉
C. 千方百计缠住对方　　　　　　D. 不知所措

16. 你的恋人以不道德的理由变心时，你会（　　）。
A. 报复　　　　　　　　　　　　B. 散布对方的缺点
C. 只当自己没看准　　　　　　　D. 吸取教训

17. 当发现恋人另有所爱时，（　　）。
A. 更加热烈地求爱　　　　　　　B. 想法拆散他们
C. 若他们尚未确定关系就竞争　　D. 主动退出

题号	A	B	C	D
第1题	2	1	3	0
第2题	3	2	1	1
第3题	1	2	1	3
第4题	0	3	2	1
第5题	1	1	3	2
第6题	1	0	2	3
第7题	2	3	2	1
第8题	1	2	0	3
第9题	1	0	2	3
第10题	1	2	0	3
第11题	2	1	1	3
第12题	3	2	1	1
第13题	0	3	2	1
第14题	3	1	0	1
第15题	3	0	1	1
第16题	0	1	2	3
第17题	1	0	3	2

（评分表）

[计分方法与解释]

将所选的字母在对应评分表中的得分相加。总分在46分以上,说明恋爱观正确;42～46分,基本正确;42分以下,说明恋爱观需要调整。

(选自张连云.大学生心理健康教育研究.成都:西南财经出版社,2006)

(四) 摆正爱情的位置

爱情是人类独有的情感,是一种特殊的人际关系。进入青春期的大学生,随着生理和心理上的发展和成熟,自然产生了对爱情的向往和关注。爱情不同于其他的人际关系,它在情感和行为上都有着自身的特性,因此把握爱情的真谛,树立正确的恋爱观,是大学生健康成长的必然要求。

大学生必须摆正爱情在人生中的位置。须知:爱情是人生的重要组成部分,但不是人生的全部。大学生除了爱情之外,还有更重要的东西,如学业和事业。当然,这并不是说为了事业可以抛开爱情,但爱情必须是建立在事业的基础上的。只有这二者配合得当,才能有美好的意趣。罗素说:"为了爱情而牺牲事业是愚蠢的,但为了事业而完全牺牲爱情同样是愚蠢的。"所以,有的大学生持有的那种"若为爱情故,二者皆可抛"的"伟大"精神是不可效仿的。

1. 恋爱与学业

对大学生来说,处理好爱情与学业的关系,就是要分清主次,遵循以学业追求为主的原则;合理安排,营造能够促进学业腾飞的美好爱情生活。

在现实生活中,恋爱对大学生学习的影响有两种可能性:一是恋爱关系处理得当,恋爱成为学习的催化剂,促进学生各方面素质的全面发展;二是恋爱关系处理不当,恋爱使人过度分散精力、情绪不稳、烦恼不安、成绩滑坡。应当看到,恋爱对大学生学业积极和消极的影响,从表面上看似乎直接与恋爱本身有关,但究其根本原因,则在于恋爱者自身的品德、修养和思想意识水平。一般说来,基于志同道合基础上的爱情,有助于增强大学生的独立感、责任感,从而促进学业的发展;而庸俗的爱情则使大学生留恋或追求低级趣味,甚至行为越轨,从而促使学业下滑。因此,大学生只有树立正确的恋爱观,把爱情建立在共同奋斗事业的基础上,才能使爱情成为奋发向上的力量。

大学阶段是大学生学习知识、奋斗成才的黄金时期。一生的事业在这里奠基,成才的希望在这里播种,这一时期的作为在一定程度上预示着人生成就的有无和大小。历史上许多大器早成的人,大多是在大学阶段培养了对专业的浓厚兴趣,奠定了坚实的基础,才有了后来闻名于世的成就。正因为这样,一切有识之士都主张把学业追求作为大学阶段的第一要务。因此,面对大学繁重的学习任务,把本应用于学习上的时间和精力过多地抛洒在花前月下的谈情说爱中,那显然是极不明智的。

当然,何时恋爱是最合理的,并没有唯一的标准,这与每个人的心理成熟度、理想抱负、择友条件及所处的环境有关,因而是因人而异的。综合各种经验来看,对大多数学生来讲,恋爱时间以稍晚为宜。

2. 恋爱与事业

恋爱是人生的重要内容,但更重要的内容则是事业和未来。社会生活中,每个社会成员都要在不同的社会行业中,从事某一物质的或者精神的生产和创造,不论对个人还是对社会而言，事业都是赖以生存和发展的必要前提。所以，人们不仅需要恋爱，更需要事业上的成就。没有了恋爱，劳动或工作可能会索然无味，即使是最心爱的工作也可能无法给人以充分的满足感。但恋爱并不是人生唯一的目的，如果我们把生活、幸福仅仅归结为追求恋爱，那么生活就会变成一片遍布破碎心灵的荒原。因而，人在拥有恋爱的同时，不可舍弃事业。

在生活中，恋爱只有以事业为基础，才会更加充实和完美。人生的主宰应当是事业，只有伟大的事业对人生才具有决定意义。流传至今的诗句"生命诚可贵，爱情价更高。若为自由故，二者皆可抛"，正说明了这一点。古今中外许多有成就的思想家、政治家和科学家，大多是把真挚的爱融合到双方为之奋斗的崇高事业中，他们以爱的力量激励着对事业的追求，又以事业的成功充实着爱的生活内容。与此相反，生活中，有的人却用事业换取"爱情"，有的人为了"恋爱"而葬送了自己的生命，还有的人为了"恋爱"而不顾国家和人民的利益。这样的"恋爱"不仅是自私、狭隘和虚假的，而且也是庸俗可悲的。

对青年大学生来说，恋爱应服从事业，要学好专业知识，建立合理的知识结构，从各个方面去培养自己的能力，为今后事业上的发展做好必要的准备。

相关链接

马克思与燕妮的爱情

马克思的爱情一直让人称道，它向人们证明了爱情可以成为鼓舞人们事业成功的力量。当马克思在大学里向青年黑格尔派发展的时候，燕妮就明确而坚定地支持马克思。当青年黑格尔派遭到普鲁士反动政府的迫害时，马克思谋求大学讲师职位的计划未能如愿，这是其最失意的时候，已27岁的燕妮毅然推迟婚期，用实际行动表达对马克思的同情与支持。后来马克思好不容易谋到一个报纸主编的工作，可报社又被反动政府关闭。结婚以后，他们的生活十分清贫，可是燕妮始终如一地支持马克思的事业。马克思的女儿爱琳娜说过："没有燕妮，马克思也就不成其为马克思。这绝不是夸大。"马克思和燕妮的爱情成为人们爱情的光辉典范。

(选自http://www.enet.com.cn/article/2006/0710/A20060710128208.shtml)

3. 恋爱与父母

对于刚进大学校门的大学生来说，他们远离父母乡亲，面对全新的生活环境、全新的人际关系，自由和宽松的氛围让他们欢欣不已。同时，他们大都第一次出远门，还有很多是第一次远离父母和同学一起过集体生活，在这个过程中，难免会有人觉得不适应，心里的孤独感油然而生，因而有人选择了恋爱。青年大学生已经长大成人，可以面对任何事情，独立解决问题，因而有很多学生谈恋爱却不让父母知道。殊不知父母是经历过感情和风雨的人，能够为你提供有益的建议，能够帮助你在感情的道路上少走弯路。青年大学生应将自身的感性与父母的理性结合起来，做出自己最好的选择，因为只有得到父母的祝福，恋爱才能获得持久和永恒的幸福。

4. 爱情与道德

爱情作为一种特殊的社会关系、人伦关系，与道德具有十分紧密的关系。真正的爱情体现出的是一种与自私自利毫不相干的高尚情操，是由理智支配的、细腻的精神活动。爱情需要道德的指导，道德是健康向上的爱情生活的保证，它的核心就是要求恋爱的当事人对恋人、对社会负责，实现爱情与道德责任的统一。

首先，道德有助于人们形成正确的择偶观。恋爱实际上是一个在相互了解和帮助的基础上选择生活伴侣的过程，择偶的标准直接影响着今后爱情生活的质量。外在的美是年轻的大学生所钟爱的，但它毕竟是表面的、肤浅的、易变的。只有内在修养的美、品德的美，才是深刻的、持久的。以道德来指导择偶，看重对方的品德、修养、志向，才能真正寻找到志同道合、心灵默契、情感共鸣的爱情。

其次，道德有助于人们恰当地表达和接受爱情。表达和接受爱情是恋爱的前奏，以什么方式来表达和接受爱情，不仅直接关系到求偶的成功与失败，而且也体现出一个人的文明素养和自我形象。在表达和接受爱情的过程中，注意举止文明、行为大方、诚恳坦率、尊重对方，才能使爱情显示出其应有的圣洁、庄重、文明和高雅。

最后，道德有助于在理智的准则下发展爱情关系。在爱情关系发展的过程中，以理智控制感情既是恋爱中的男女必须自觉遵守的自律准则，也是避免爱情悲剧的关键。热恋中的大学生情侣，当性爱的激情达到火热的境地时，极易影响正常的学习生活，甚至产生感情冲动而发生越轨行为，从而给今后的学习生活带来不必要的消极影响。道德的力量能够使当事人产生对自己、对恋人的高度责任感，用理智战胜情绪冲动，自制有方，应对得当，获得事业与爱情的相互促进，率真又不失理智地发展爱情关系。

5. 恋爱与友谊

在人们的感情中，不仅需要谈恋爱，更需要友谊。友谊是同事、同学或朋友之间在相互了解和信赖的基础上，形成的一种亲密、平等、真挚和友好的情谊关系。它是沟通人们心灵的桥梁，是人们在社会生活中获得理解、肯定和帮助的情感需要，是人们的精神生活中一个重要的组成部分。

青年大学生正处于心理、人格和自我意识的形成时期，在与同龄人之间的友谊中，通过思想交流、平等相处，有助于理解他人，调整自己的行为，促进自我完善，形成健康的心理人格。同时，在远离家庭的集体生活中，需要从同学的友谊中得到感情上的慰藉和理解，在生活中得到体贴和帮助。如果说友谊与爱情同时都是生活中所必需的，那么从大学成长的角度看，友谊比恋爱更为宝贵。然而，有些学生不懂友谊的重要性，分不清友谊与恋爱的关系，也不知道应该如何正确对待异性同学之间的友好关系。例如，有的人认为异性之间除了谈恋爱不存在友谊，把男女之间的正常交往不加分析地看成谈情说爱，搞得男女之间相互回避，不敢往来；也有的人一旦恋爱，便把谈恋爱看作生活的全部，只顾着谈恋爱而忽略了友谊，对恋人关怀备至，对朋友却日渐疏远，成为集体、同学和朋友的局外人；还有的人刚确立了恋爱关系，就限制对方与他人的正常往来和友谊，甚至无端猜疑，搞得与周围同学的关系异常紧张。这些都是对友谊与恋爱关系的错误理解，是把恋爱与友谊对立了起来。恋爱不能取代友谊，事实上，离开了广泛的友谊，不仅不利于工作、学习和个人的感情需要，而且恋爱也不会是完美的。

成长感悟

如何正确对待大学期间的爱情

作为一名大学生，我们的恋爱观正确与否是一个重要的问题，爱情同样需要尊重，我们应以"独立"的观念去理解、对待爱情。情感、人格、经济的独立是我们恋爱的条件。无论怎样,自主与尊重在爱情问题中应占一大比例。

大学期间恋爱,在面临毕业后分配不到一处的考验时,是坚持"有情人终成眷属",还是面对现实,做"天涯何处无芳草"的抉择,关键取决于大学期间的恋爱观。

李大钊说过:"两性相爱,是人生最重要的部分,应保持它的自由、神圣和崇高。"恋爱是四年大学生活的一个重要主题,大学生的心里也总是激荡着爱情的涟漪。那么大学生应怎样把握自己,处理好大学中的恋爱问题呢?

首先,要稳住心神,不急于恋爱。因为四年大学生活毕竟短暂而简单,且工作没着落,经济不独立,而毕业后分不到一起又是必须面对的现实问题,所以盲目恋爱一定是空中楼阁,只能带来无尽的烦恼与惆怅。除了爱情,那些生命中如水般纯真的朋友是我们最宝贵的一部分。生活中有风雨交加的日子,也有阳光灿烂的日子,在风雨交加的日子里,朋友的关怀则会在你心田注入一股暖流,呵护你柔弱的心。而如何交朋友,则是一个社交问题,平等待人,尊重他人,以一颗博大的心去包容、理解他人。"要散布阳光,首先自己心里应该有阳光。"同样,我们怀着一颗火热的心去帮助别人,与别人交往,那么我们得到的也应该是一份温情,在一个处处温情散发的大家庭中,即使寒流再猛也会退却,那么我们的生活则会欢乐多一点,痛苦少一点。我们现在是那样的年轻,充满激情,用最朴素的方式来记录下彼此对生活的理解吧!绵长生活中的细节像是开在彼此手中的鸢尾花,那样的妖娆而充满活力。我们用文字这样含蓄的方式传达着彼此的思考、关爱和秘密,这一切都应精心地保存下来,印在自己不甚丰厚的记忆里。时至今日,当你被现实的茫然、焦虑、忙碌折腾得像冬日里被抽干了水分的枝干时,打开日记就会找到昔日点点滴滴的生命印记,就像是一场飘散了很久的雾雨,让人为它的轻盈、丰润而从心底里发出惊叹。有那样的朋友——他们都不曾远去,只是无声而又充满温情地注视着你,告诉你如果你需要帮助,他们就会出现,友情的绚烂并不比爱情的艳丽来得逊色。莎士比亚曾说:"爱情不是花荫下的甜言,不是桃花源中的蜜语,不是轻绵的眼泪,更不是死硬的强迫,爱情是建立在共同的物质和精神基础上的。"我们既不要为了摆脱青年人特有的孤独感而恋爱,也不要为了害怕别人的嘲笑而恋爱。请相信,天涯处处有芳草,不愁他日无知音。

其次,如果学生对未来事业和婚姻家庭有认真的考虑,在共同学习、生活和丰富多彩的课余活动中,建立了深厚的友谊和爱情,并且双方能驾驭各自的感情,把爱情和学习统一起来,双方就应排除各种困难和障碍,终成眷属,修得百年之好。

(选自:"青年文摘网",作者:张勤林)

第六节 时间管理

一、自我盘点

大二的每一天,你是如何安排时间的?

日出时间安排表			
周一至周五	时　间	事件	反思
周六、周日	时间	事件	反　思

二、行动策略

大二的生活转眼就要过去了，是否该好好规划一下你的时间，以便更合理地利用有限的光阴？请结合大二学习生活的特点，将你最想完成的事，按照优先原则进行排序。

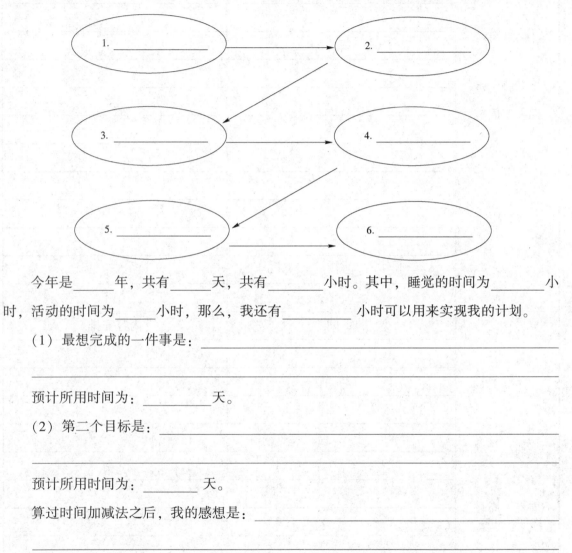

今年是_____年，共有_____天，共有_____小时。其中，睡觉的时间为_____小时，活动的时间为_____小时，那么，我还有_____小时可以用来实现我的计划。

（1）最想完成的一件事是：_____
_____

预计所用时间为：_____天。

（2）第二个目标是：_____
_____

预计所用时间为：_____天。

算过时间加减法之后，我的感想是：_____
_____

现在的大学生总是感到大学生活没有想象中多姿多彩，每天要面对太多的"自由"时间，也就是"郁闷"的时间。我们该如何打发这些时间呢？

三、调整修正

经过这一段时间的反思，我深刻地领会了"时间就是金钱"这句话的含义，在一天24小时当中，真正用来工作的时间那么少！因此，我需要重新制订一个时间规划表，从而进一步增强我的时间观念。

我的时间规划修正表：

	时 间	内容安排
周一至周五		

	时 间	内容安排
周六、周日		

知识引路

时间巧利用

◆ **做正确的事**

事情对我们而言是有价值、有意义的,这样能够节约时间,不会让没必要的事情影响工作效率。

◆ **正确做事**

我们采取怎样的态度去处理问题,如我们要分出先后,分清轻重缓急,这样才能够高效地处理问题,同时做到事半功倍。

◆ **充分利用在学校的每一秒**

上课认真听讲,积极思考。下课尽情放松,活动筋骨。要有时间学习,也要有时间玩、过集体生活,还要有时间了解社会,让我们的大学生活过得多姿多彩、丰富充实。

第七节 职场实习

一、目标设计

目标设计	
目标	计划

二、行动策略

职场人物访谈:

姓名		性别		职业	
职务		工龄		学历		所学专业	
所在单位			访谈时间	年 月 日 时 分	
地点		联系电话		E-mail	

续表

访谈经历（包括联系过程）：

内容记录（有关工作内容、工作环境、工作强度、能力素质需求等方面的内容）：

被访谈人所给的建议：

访谈收获：
本人签字：

职业调查队——了解我的目标行业：

\	\	目标行业组织调查表
宏观环境	地区经济发展状况	
	行业发展状况	
	就业政策	
微观环境	需求总量	
	学历层次分布	
	岗位分布	
	收入分布	

职业调查队——了解我的目标企业：

目标企业组织调查表	
企业名称	
地址	
行业分类	
雇员人数	
资料来源	
公司历史（建立时间、关键事件）	
公司发展前景	
晋升机会	
报酬/工资结构	
企业文化和部门亚文化	
企业类型	

续表

目标企业组织调查表	
价值观和信念	
工作中的服装穿着	
习俗、礼仪	
工作环境	
第一印象	
人际交往强调的主题	
组织的价值观与自己的价值观	

设计职业发展路线：

在做了大量的企业调查之后，面临的就是选择哪一条职业道路。这时，我们要考虑三个问题：

（1）我想往哪一条路线发展？管理人员还是专业技术人员？

（2）我能往哪一条路线走，我的知识结构、能力特长、性格特点等有利于走管理发展路线还是专业技术发展路线？

（3）我可以往哪条路线走？目前我的职业环境为自己提供了哪些职业发展机会？我可以选择管理发展路线还是专业技术发展路线？

推荐两种职业发展通道，示意如下：

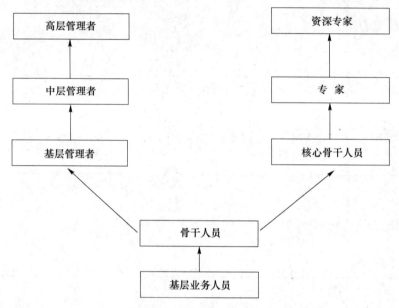

结合自己的专业，浏览相关的网页或者走访与专业相关的企业，了解下列工作人员所具备的技术水平和能力：

工作人员	具备的能力和素质
基层业务人员	
骨干人员	
核心骨干人员	

续表

工作人员	具备的能力和素质
专　　家	
资深专家	
基层管理者	
中层管理层	
高层管理者	

根据上表，你是否意识到了自己的职业素质对于工作的重要性，那么为自己设计一个规划吧！

三、反思总结

作为一名成功的职场人真不是一件简单的事。我缺少哪方面的能力？已经具备哪些能力了呢？

具备的能力	欠缺的能力

方向对了,就不怕路远!我已经选定了喜欢的行业,并且衡量了自己的能力和水平,万事俱备。准备一下我的简历,步入职场吧!

个人简介

知识引路

◆ **衣着整洁，仪态大方**

衣着服饰是一个人文化素养的外在表现，一定要和身份相符，不能过于花哨、时髦。可适当体现个性，但不能和周围同事反差太大。发型、化妆应简洁明快，切忌矫揉造作。

◆ **待人接物，举止得体**

待人热情坦诚，说话做事文明礼貌。和人交谈时，应注意发现其他人感兴趣的话题，别太多谈论自己；同时，要善于倾听其他人的言论，特别注意别随便打断其他人的谈话。与人相处应不卑不亢，并注意倒茶、让座之类不可少但又容易忽略的日常礼节。

◆ **工作认真，踏实肯干**

做事要善始善终，切忌懒散、浮躁、漫不经心，切忌丢三落四、虎头蛇尾。对必须从事的体力劳动，不能因为太脏、太累、太苦、太单调而加以轻视。

◆ **讲信用，守纪律**

自觉遵守各项规章制度和工作纪律，不迟到，不早退。为人处世一定要守信用，答应过其他人的事情务必要兑现，如确实因客观原因而未能做到，一定要通过合适的方法使对方给予理解，避免发生误会。

第八节 学年盘点

一、自我评估

时间过得真快呀！转眼间一年又过去了，在这一年里，我有什么收获呢？提起笔来，写下这一年的得与失。

年终总结	
品德修养	
理论学习	

续表

	年终总结
技能训练	
社会实践	

写给自己的一封信：

本人签字：
年　月　日

二、调整修正

通过上面的反思来看看我们在开学初设立的目标，实现了多少，又有多少没有实现呢？分析原因，进行改进。

	目标简述	调整方案
实现的目标		
没有实现的目标		

> 机会是留给有准备的人的。
> 不为明天做准备的人永远不会有未来。
>
> ——戴尔·卡耐基

第五章 大三冲刺

大三进入了冲刺期，对未来的职业选择，你是否已经有了打算？适合你的选择可以为你的职业生涯添加动力，当然这时就更需要你进行合理规划。

第一节 实施生涯规划

大学生生涯规划实施主要包括：自我评估、生涯目标、职业评估、未来定位、生涯规划、评估与反馈。

一、自我评估

一个有效的生涯设计必须是在充分且正确认识自身条件的基础上进行的。自我评估是大学生生涯规划的基础，可以帮助个人了解自我和未来生涯发展的关系。自我评估包括对兴趣、能力、价值观、人格等方面的评估。

（一）兴　趣

兴趣指人们对事物喜好或关切的情绪。当个人对某事物有兴趣时，会对它产生特别的注意力，对该事物感知敏锐、记忆牢固、思维活跃、情感浓厚、意志坚强。兴趣是人们活动的重要动力之一。许多大学生因为高考报考志愿时是父母帮助选择专业，或者是自身对于学校设置的专业理解的偏差，又或者是出于其他因素的考虑，所以不完全是因自己的理想和兴趣而进入大学学习的。但是如果你能够在大学期间发掘出真正令你感兴趣的领域，发掘出自己的职业兴趣，那么大学生涯目标将会明确很多，毕业之后也会很快确定自己的职业方向。

职业兴趣是指人们对某种职业活动具有的比较稳定而持久的心理倾向。它是一个人探究某种职业或从事某种职业活动所表现出来的特殊个性倾向，它使个人对某种职业给予优先的注意，并具有向往的情感。由于兴趣爱好不同，人的职业兴趣也有很大的差异。有的人喜欢具体工作，如室内装饰、园林、美容、机械维修等；有人喜欢抽象和创造性的工作，如经济分析、新产品开发、社会调查和科学研究等。职业兴趣对职业选择和职业发展都有一定的影响。

职业规划对兴趣的探讨不能孤立进行，应当结合个人的、家庭的、社会的因素来考虑。了解这些因素，有利于深入认识自己，进行职业规划；也可以通过测试的方式了解自己的职业兴趣，如目前世界上应用最广泛的霍兰德职业兴趣测验。

（二）能　力

能力就是指顺利完成某一活动所必需的主观条件。能力分为一般能力和特殊能力。一般能力通常又称智力，包括注意力、观察力、记忆力、思维能力和想象力等。特殊能力是指从事某项活动的能力，也可称为一个人的特长，如计算能力、音乐能力、动作协调能力、语言表达能力、空间判断能力等。对任何一种职业而言，要求从业者必须具备相应的能力。

职业能力是人们从事其职业的多种能力的综合。如果说职业兴趣或许能决定一个人的择业方向，以及在该方面所乐于付出努力的程度，那么职业能力则能说明一个人在既定的职业方面是否能够胜任，也能说明一个人在该职业中取得成功的可能性，对于在校大学生而言，可以为喜欢的职业做好相应能力上的准备。

(三) 价值观

价值观是指一个人对周围的客观事物（包括人、事、物）的意义、重要性的总评价和总看法。价值观是影响一个人一生的核心信念，它往往决定一个人的为人处世方式、思维方式及兴趣取向。刚进入大学的学生一般来说比较单纯，其价值观的取向还处于一种不稳定状态。因此，选择性接受某些核心的价值观，对确定自己未来的人生之路将会起决定性的作用。了解自己的价值观，将有助于清楚自己在大学里以什么方式学习生活。

职业价值观是价值观在所从事的职业上的体现，是人们对待职业的一种信念和态度，或者在职业生涯中表现出来的一种价值取向，是一个人对职业的认识和态度，以及他对职业目标的追求和向往。理想、信念、世界观对于职业的影响，集中体现在职业价值观上。职业价值观表明了一个人通过工作所要追求的理想，是为了财富，还是为了地位或其他因素。

美国心理学家洛特克在其所著的《人类价值观的本质》一书中，提出十三种价值观：成就感、审美追求、挑战、健康、收入与财富、独立性、爱、家庭与人际关系、道德感、欢乐、权利、安全感、自我成长和社会交往。我国学者阚雅玲将职业价值观分为以下十二类：

(1) 收入与财富。工作能够明显有效地改变自己的财务状况，将薪酬作为选择工作的重要依据。工作的目的或动力主要来源于对收入和财富的追求，并以此改善生活质量，显示自己的身份和地位。

(2) 兴趣特长。以自己的兴趣和特长作为选择职业最重要的因素，能够扬长避短、趋利避害、择我所爱、爱我所选，可以从工作中得到乐趣和成就感。在很多时候，会拒绝做自己不喜欢、不擅长的工作。

(3) 权力地位。有较高的权力欲望，希望能够影响或控制他人，使他人照着自己的意思去行动；认为有较高的权力地位会受到他人尊重，从中可以得到较强的成就感和满足感。

(4) 自由独立。工作有弹性，不想受太多的约束，可以充分掌握自己的时间和行动，自由度高，不想与太多人发生工作关系，既不想治人，也不想治于人。

(5) 自我成长。工作能够给予受培训和锻炼的机会，使自己的经验与阅历能够在一定的时间内得以丰富和提高。

(6) 自我实现。工作能够提供平台和机会，使自己的专业知识和能力得以全面运用和施展，实现自身价值。

(7) 人际关系。将工作单位的人际关系看得非常重要，渴望能够在一个和谐、友好甚至被关爱的环境中工作。

(8) 身心健康。工作能够免于危险、过度劳累，免于焦虑、紧张和恐惧，使自己的身心健康不受影响。

(9) 环境舒适。工作环境舒适宜人。

(10) 工作稳定。工作相对稳定，不必担心经常出现裁员和辞退现象，免于经常奔波找工作。

(11) 社会需要。能够根据组织和社会的需要响应某一号召，为集体和社会做出贡献。

(12) 追求新意。希望工作的内容经常变换，使工作和生活显得丰富多彩，不单调枯燥。

（四）人格

人格主要是指人所具有的与他人相区别的独特而稳定的思维方式和行为风格。在心理学中，还经常运用"个性"一词表达人格的概念。我国的《大百科全书——心理学》中就有人格即个性的提法。传统的职业生涯设计方法主要是围绕"三大要点"，即能力、兴趣、价值观来展开的，并引申为职业兴趣、职业能力和职业价值观。职业能力、职业兴趣、职业价值观都可能随着时间、阅历、知识、技能、环境的变化而变化，但人格是比较稳定的。人格对人的一生发展会起到非常重要的作用。霍兰德认为，了解自己的人格特征有助于让自己确定职业发展方向。不同人格类型的人适合的职业类型差异也很大。同样的工作，对一个人格类型的人来说可能如鱼得水，而对另外一个人格类型的人可能索然无味。与职业相联系的人格类型测试有五大人格测试、霍兰德的六种人格职业匹配测试、九型人格测试等。

自我评估是建立在自我观察与自我分析基础上的自我身心素质的全面评估。自我评价的具体方法主要包括自省、听取他人评价、接受他人意见或进行心理测试等。不论采用何种方法，都要注意相互之间参照与综合，要客观地评价自己，既不高估自己，也不贬低自己；要认识自己的优势、劣势，自己的与众不同和发展潜力，这样才能做出准确全面的自我评价，从而选择适合自己的职业。

二、生涯目标

学业或事业的成功，很大程度上取决于有无正确适当的目标。没有目标如同驶入大海的孤舟，四野茫茫，没有方向，不知道自己走向何方。只有树立了目标，才能明确奋斗方向，犹如海洋中的灯塔，引导你避开险礁暗石，走向成功。高尔基说过："我常常重复这一句话，一个人追求的目标越高，他的才能就发展得越快，对社会就越有益。我确信这也是一个真理。这个真理是由我的全部生活经验，即我观察、阅读、比较和深思熟虑过的一切确定下来的。"

一个人在规划他的职业目标时应包括近、中、远期三个不同阶段的目标。近期目标是在最近几年内、最近几个月内能够实现的目标，如需要学习什么、掌握什么专业知识、达到什么样的能力等；中、远期目标则与自己的人生追求相接近，要尽可能地远大，在符合自己的价值的基础上，与社会发展需求相适应，如自己的职业要发展到什么高度、事业达到什么水平、如何实现自己的社会价值等。作为大学生来说，首先应该规划的是自己的近期目标，也就是如何度过大学四年，你将要为以后的职业发展打下什么样的基础、具有什么样的能力。

根据美国著名职业生涯管理专家萨珀的生活—生涯发展理论，我国大多数大学生一直在学校求学，正处于生涯发展的探索阶段和学习奠基阶段。他们在专业学习、社会实践、勤工助学和社会兼职中尝试不同的职业角色，认识不同的社会职业，不断修正职业期望值；根据个人的兴趣、需求、能力、价值和就业机会等因素，做暂时性的选择和实验性的尝试，使职业偏好具体化,并且在收集和分析相关职业资讯的基础上正式进入就业市场,由一般性的选择转变为特定职业目标的选择,正式选定与自我适合的职业,把它作为自己的主要职业发展方向。生涯规划要重点关注自身所处的生涯发展阶段和生涯成熟度,通过各种途径增进对自我、职业的深刻认识,探讨实现生涯目标的途径和方法,发展生涯决定的技能和规划生活的能力,省思自我的生涯发展历程,规划合乎现实和自我理想的未来生涯与生活,有效地应对未来的各项事件,促进个体更有效地成长与进步,达成整体的生涯发展目标。

因此,大学生生涯规划的主要目标为:

(1) 使大学生发展和完善自我概念,了解、接受和发展自我,认识自己的个人特质、个人期望和抱负,认识生涯发展资料,澄清个人价值观,建立和完善个人适切的价值观念。

(2) 使大学生准确觉察自己所偏好的生活形态和工作价值观。

(3) 培养大学生的生涯决策技巧,在面对各种决定的情境时,能准确界定问题,并运用各种资讯,科学分析相互间的利弊得失,力求做出最适当的决定。

(4) 使大学生通过规划和选择,找出最适合自己的、与自己的生涯目标匹配的生涯路径,同时熟悉生涯决定的历程。

(5) 使大学生能统整自身特质、潜在生涯选项和工作世界,并拟定达到目标的计划与策略。

(6) 使大学生具有面对社会变迁、科技不断发展的适应能力和应变能力。

三、职业评估

自我评估用于大学生了解自身的特性,职业评估用于大学生了解职业舞台的要求。在职场上,两者相互关联,只有整合自身的特性和职业舞台的要求,做到知己知彼,才能使自己的生涯顺利发展(图5-1)。

图 5-1 知己知彼的联结

[内圆表示人的内在世界(知己);
外圆表示外在的工作世界(知彼)]

自我评估是个体对自我的主观方面的分析，而职业评估主要是评估周边各种环境因素对自己职业生涯发展的影响。职业评估是全方位的分析，包括对职业环境、社会的整体就业形势、专业的就业圈、行业的环境、企业的环境等方面。对就业环境进行认真的分析有助于大学生深入了解当前的客观就业环境和形势，了解就业市场的需求，然后有针对性地进行学习，为毕业后的就业事先做好充分的准备，避免闭门造车。同时，大学生必须根据就业形势来制订自己的职业生涯规划，并根据自己对就业形势认识的深入和就业形势的变化做适当的调整。

环境评估包括对社会环境的评估和对职业环境的评估。环境因素对个人职业生涯发展的影响是巨大的，它为每个人提供了活动空间、发展条件和成功的机遇。大学生要熟悉周围的环境，特别是与大学生生涯发展有关的工作世界。具体地说，即通过各种有效途径了解和认识政治、经济、社会、文化、教育等社会环境，而且要探索各种不同职业的特性或工作内涵，所需的特质、能力和条件，就业渠道，工作发展前景，行（职）业的薪资待遇，教育和培训情况，以及工作地点等。对工作环境的评估可以通过勤工助学、就业实习、社会实践、挂职锻炼、志愿者工作和社团活动等途径积累经验。

四、未来定位

相关链接

千里马的悲剧

一个农场主买了一匹千里马，回到家中发现实在没有什么大事需要千里马去完成，便把马养在那里。时间长了，家里人开始埋怨农场主，说他好草好料养了一匹没用的马。农场主也觉得大家说得有道理，便决定给千里马安排工作。可农场里除了耕田、拉车、拉磨外，根本没有其他工作可以用到马，于是农场主决定用千里马去耕田。千里马驰骋惯了，一到田里便开始奔跑，把扶犁的农人拉着摔了好几个跟头，再没有人愿意用千里马耕田了。农场主又用千里马去拉车，可千里马跑得太快，很快就把车轮子拉掉了。看来千里马也不适合拉车。农场主没有办法，就把千里马送到了磨坊，让它和一头驴子一起拉磨。开始千里马总是走得太快，驴子根本就跟不上，伙计们就用鞭子抽打千里马。只要千里马走得稍快了一点，伙计的鞭子就落到了千里马身上。慢慢地，千里马适应了拉磨，和那头驴子配合得非常默契了。农场主看到千里马终于派上了用场，很高兴。可不久他又觉得千里马既然干着和驴子相同的活儿，就要享受与驴子同样的待遇。于是千里马好草好料的特殊待遇没有了，每天吃着和驴子同样的草料。千里马越来越老实、温顺了，拉磨时也不再高昂着头了。有一天，农场主上山巡视，不慎被猎人布置的打狼的夹子夹住了一条腿，随从的人好不容易把他弄回家里。当地的医生说农场主伤势很重，需要立即送到城里救治。农场主当即想起了那匹千里马，他让家人从磨坊里拉出那匹千里马，由医生护送自己去城里救治。千里马终于又有了驰骋的机会，一上路便开始奔跑，虽然身上载着两个人，但它的速度还是很快的。可没跑出多远，千里马就因为体力不支而放慢了速度，最后索性在原地转起圈来了。等医生回去找了别的马把农场主送到城里，因为延误了治疗，农场主的那条腿只能被截掉了。

（选自：樊宇明《千里马的悲剧》）

职业定位就是确定一个人在特定的时间、特定的地域能干什么、不能干什么，应该在什么行业什么领域从事什么样的职业。职业定位直接关系着专业选择及职业选择两方面问题，即学什么和做什么，它是职业生涯成功的关键。由于缺乏职业生涯教育，大学生毕业后根本不知道该做什么的比比皆是，当然在校期间也就不清楚自己该学些什么，在这种情况下根本谈不上什么学以致用。就算已工作若干年的职业人，不清楚自己适合做什么的情况也是很多。据向阳生涯职业咨询机构针对一批样本数为280人、大专以上学历的职业人的调查，工作3~5年的人群中，有明确职业定位的比例只占8%，比较清楚的部分占21%，而更多的69%的比例不清楚自身的职业定位。也就是说在工作三五年的人群中，有七成人不确定自己该干什么，而是在浑浑噩噩地工作、不明不白地干活。

职业定位是个繁杂的过程，需要综合考量一个人的职业兴趣、性格、价值观、能力、气质、体格、学历、经验等多方面因素。

个体在进行职业生涯规划时要尽量选择自己感兴趣的职业。大学生可以将自己感兴趣的职业列出来认真分析和评估。

个体在进行职业生涯规划时要考虑性格与职业的匹配。近年来，海外用人单位在选人时出现一种新观念，认为性格比能力更重要。其原因是如果一个人能力不足，可以通过培训提高；但一个人如果性格不好，要改变可就难多了。所以，在招聘新人时，他们将性格的测试放在首位，当性格与职业相吻合时，才对其进行能力测试与考查。个人在选择职业时，应根据自己的性格，选择适合个人性格特点的职业工作。一般来说，外向型性格的人更适合与外界广泛接触的职业，如管理人员、律师、政治家、推销员、记者、教师等；内向型性格的人比较适合从事有计划的、稳定的、不需要与人过多交往的职业，如科学家、技术人员、设计师、打字员、统计员、资料管理人员、一般办公室职员等。

个体在进行职业生涯规划时要考虑价值观与职业的匹配。在对各种可供选择的职业道路进行选择之前，首先要依据个体自身的价值观对这些职业进行价值评估与判断，然后才能选出最符合自己需要的职业道路。比如，有些人把工作的稳定性看得最重要，而对职业的经济收入要求并不是太高，公务员或者事业单位的职业岗位也许比较适合；有的人对职业的经济收入期望很高，愿意为了更高的经济收入承受巨大的工作压力，因而某些充满挑战的业务类的岗位也许比公务员岗位要更适合。

五、生涯规划

如何制定自己的生涯规划方案？许多职业咨询机构和心理学专家进行职业咨询和职业规划时常常采用的一种方法就是有关六个"What"的归零思考的模式：从自己是谁开始，然后一路问下去，共有六个问题：

（1）What are you?

（2）What you want?

（3）What can you do?

（4）What can support you?

（5）What fit you most?

（6）What can you be in the end?

回答了这六个问题，找到它们的最高共同点，你就有了自己的职业生涯规划。

对于第一个问题"你是谁？"应该对自己进行一次深刻的反思，有一个比较清醒的认识，优点和缺点都应该一一列出来。

第二个问题"你想干什么？"是对自己职业发展的一个心理趋向的检查。每个人在不同阶段的兴趣和目标并不完全一致，有时甚至是完全对立的。但随着年龄和经历的增长而逐渐固定，并最终锁定自己的终生理想。

第三个问题"你能干什么？"则是对自己能力与潜力的全面总结，一个人职业的定位最根本的还要归结于他的能力，而职业发展空间的大小则取决于自己的潜力。对于一个人潜力的了解应该从几个方面着手去认识，如对事的兴趣、做事的韧力、临事的判断力，以及知识结构是否全面、是否及时更新等。

第四个问题"环境支持或允许你干什么？"中的环境支持在客观方面包括本地的各种状态，如经济发展、人事政策、企业制度、职业空间等；人为主观方面包括同事关系、领导态度、亲戚关系等，两方面的因素应该综合起来看。有时在做职业选择时常常忽视主观方面的东西，没有将一切有利于自己发展的因素调动起来，从而影响了自己的职业切入点。通过同事、熟人的引荐找到工作是最正常也是最容易的，应该知道这和一些不正常的"走后门"等歪门邪道有着本质的区别。这种区别就是这里的环境支持是建立在自己的能力之上的。

第五个问题"什么是最适合你的？"的意思是指行业和职位众多，哪个才是最适合你的呢？待遇、名望、成就感和工作压力及劳累程度都不一样，这就要看个人的选择了。选择最好的并不是合适的，选择合适的才是最好的。要根据前四个问题的答案再回答这个问题。

明晰了前面五个问题，就会从各个问题中找到对实现有关职业目标有利和不利的条件，列出不利条件最少的、自己想做而且又能够做的职业目标，那么第六个问题有关"自己最终的职业目标是什么？"自然就有了一个清楚明了的框架。

六、评估与反馈

任何事物都处在变化之中，绝大部分变化是难以预见的。在人生的发展阶段，由于社会环境的巨大变化和一些不确定因素的存在，会使原来制定的职业生涯目标与规划有所偏差，这时需要对职业生涯目标与规划进行评估和做出适当的调整，以更好地符合自身发展和社会发展的需要。职业生涯规划的评估与反馈过程是个人对自己的不断认识过程，也是对社会的不断认识过程，是使职业生涯规划更加有效的有力手段。大学生在专业学习后发现本人与选定的专业不适应，在许多方面存在严重冲突，不得不进行专业转换，这就是评估与反馈后做出的生涯改变。

第二节　大三生涯准备

按照职业生涯发展理论，职业生涯可分为职业前期、职业准备期、职业探索期、职业发展期、职业维持期、职业衰退期六个阶段，其中职业准备期在15～22岁，涵盖了高中和大学阶段。大学阶段处于学生生涯与职业生涯的交界处，作为学生生涯的最后阶段，需要为步入职业生涯做好准备。

大三可以做到的生涯准备有：认清大学生涯规划的误区；树立生涯规划意识；培养自身职业素养。

一、认清大学生涯规划的误区

（1）忽视生涯规划。在校大学生缺乏职业生涯规划意识的现象比较普遍，只有为数不多的大学生真正了解职业生涯规划。高校和社会本身对职业生涯规划的认识和实行还不是很到位，所以导致大学生在职业生涯规划方面的知识欠缺，得不到有效指导。很多大学生进入大学之后精力没有专注在自身的发展和职业生涯规划中。

（2）生涯规划是大三时才要面临的事情，大一时用不着想。这个是很多刚上大学的新生所抱持的观念，的确大学生的职业生涯是在大三毕业后才开始的，在大一时确实没有开始工作。这是否就说明了大一和职业规划、职业生涯没有关系呢？每年都有大批的新生踏入象牙塔，由于在高三饱受了学习压力的折磨，很多人都将高校作为放松的好地方，以为考上大学就后顾无忧了，以致毕业时面临多种问题。如果以大学为半径，以职业为圆心，那么在职业这个圆上，大一和大三就是一样近的，两者对职业的影响也是一样远的。那么职业规划就不仅仅是大三才要面临的问题，而是整个大学阶段都要面临的。虽然在时间的间隙上，先是大一，后是大三，但如果大学的中心是一致的——是职业规划的话，那么大一和大三是没有什么区别的。职业生涯规划宜早不宜迟。

（3）生涯规划等同于职业选择。职业生涯规划是一个周而复始的连续过程，其过程包括确定志向、自我评估、生涯机会评估、职业选择、职业生涯路线选择、确定目标、制订行动计划、评估与反馈八个步骤，而职业选择，单纯地讲就是找一份工作，实际上职业选择本身也是根据自身兴趣、爱好、能力等因素选择适合自己的工作的过程。显然，职业选择是职业生涯规划中的重要一环。

（4）生涯规划急功近利。由于近年来就业压力越来越大，很多大学生一进大学就准备考研，所以在校与放假期间大部分时间都在学习，很少考虑工作的事情，社会活动也不想参加，怕影响学习；部分学生不根据自己的实际情况盲目地考证或参加培训；更有见异思迁者，一看到社会某种职业收入高就想从事该职业，看到别种职位收入高就又从事别种职业，把自己的规划抛到脑后。

二、树立生涯规划意识

1. 大一自我探索期

"我是谁？""我的长项是什么？""我选择的专业适合我吗？"是这个阶段常见的疑问。刚刚开始大学生活时，对自己以后要做什么不清楚是很正常的。这一时期作为大学生涯的第一个阶段，对于大学生涯有准备的人和无准备的人来说，会在未来道路上有不同的发展。在大一探索时期，大部分人还不成熟，经济不能独立，在物质与精神上都需要依赖父母和环境，对学业和就业还停留在概念阶段，或许有些人有长远发展的想法，但只是停留在对事物的表面观察上，不了解其实质。

阶段目标：适应大学生活，树立规划意识。

实施方案：首先，要转变由高中生到大学生的角色，重新确定自己的学习目标，要巩固扎实专业基础知识，掌握适应大学学习特点的学习技能，加强英语、计算机能力的学习；其次，要开始接触职业和职业生涯的概念，确立自己的职业方向，和现实挂钩，知道自己需要什么、社会需要什么，分析自己的兴趣、特长、技能、经历，进行客观的自我评估，对社会环境和职业环境进行分析，确立初步的职业目标，初步制定职业生涯方案。

具体来讲包括以下方面：①了解自己未来所希望从事的职业或与自己所学专业对口的职业。②要熟悉环境，积极参加各种各样的社团活动，建立新的人际关系，提高交际沟通能力。③在生涯探知方面可以向高年级学生，尤其是大四的毕业生询问就业情况。④如果有必要，为可能的转系、获得双学位、留学计划做好资料收集及课程准备，为将来的就业选择打下良好的基础。⑤要根据自己的爱好、实际能力和社会需求制定有效的实施步骤，如某个年龄段该做什么、某个时间段自己达到什么目标等，不断总结并完善，对职业生涯中的不和谐之处进行矫正。

2. 大二定向期

"学习这个专业将有怎样的职业发展呢？""应该考研或者先工作再考研？"是这个阶段常见的疑问。这一时期，已经对自己和专业有一定的了解，需要继续发现和收集关于职业发展领域的信息，继续拓展在职业选择方面的知识。

阶段目标：初步确定毕业方向，以及相应能力与素质的培养。

实施方案：毕业方向的选择，最好的资源就是那些已经工作的并且对你的职业规划有兴趣的人。暑期兼职、实习及一些志愿者活动都会使你得到最直观的信息。认识自己的需要和兴趣，确定自己的价值观、动机和抱负。考虑未来的毕业方向（深造或就业），了解相关的应有活动，并以提高自身的基本素质为主，通过参加学生会或社团等组织，培养和锻炼自己的领导组织能力、团队协作精神，同时检验自己的知识技能；可以开始尝试兼职、社会实践活动，并要具有坚持性，最好能在课余时间长时间从事与自己未来职业或本专业有关的工作，提高自己的责任感、主动性和受挫能力，并从不断的总结分析中得到职业的经验；增强英语口语和计算机应用的能力，通过英语和计算机的相关证书考试，并开始有选择地辅修其他专业的知识充实自己。

3. 大三冲刺期

"我应该为这个职业准备些什么呢？"是这个阶段常见的疑问。

阶段目标：掌握求职技能，为择业做好准备。

实施方案：加强专业知识学习的同时，考取与目标职业有关的职业资格证书或职业技能鉴定。因为临近毕业，所以目标应锁定在提高求职技能、搜集公司信息方面。参加和专业有关的暑期工作，和同学交流求职工作心得体会，学习写简历、求职信等求职技巧，了解搜集就业信息的渠道，如果有机会要积极尝试。参加专升本报名考试，注意专升本考试资讯，向相关教育部门索取简章参考。"什么样的工作对于自己是可行并且现实的？""通过什么样的渠道可以找到适合我的工作？"是这个阶段常见的疑问。这个阶段大学生的毕业方向已经确定，大部分学生的目标应该锁定在工作申请及成功就业上。首先，检验自己已确立的职业目标是否明确，前两年的准备是否已充分？其次，开始毕业后工作的申请，积极参加招聘活动，在实践中校验自己的积累和准备；最后，预习或模拟面试。积极利用学校提供的条件，了解就业指导中心提供的用人公司资料信息、强化求职技巧、进行模拟面试等训练，尽可能地在做出较为充分准备的情况下进行施展演练。在撰写毕业论文时，可大胆提出自己的见解，锻炼自己独立解决问题的能力和创造性。另外，要重视实习机会，通过实习从宏观上了解单位的工作方式、运转模式、工作流程，从微观上明确个人在岗位上的职责要求及规范，为正式走上工作岗位奠定良好基础。

三、培养自身职业素养

职业能力是人们从事某种职业的多种能力的综合。彼得·圣吉在《第五项修炼》中说："企业未来唯一持久的竞争优势是比竞争对手学习得更快和更好。"其实个人也是一样。职业能力是大学生就业的核心竞争力，只有拥有良好的职业能力，才能保持自己的职业竞争力，逐步达到自己设定的职业目标。

职业素养是指职业内在的规范和要求，是在职业过程中表现出来的综合品质，包含职业道德、职业技能、职业行为、职业作风和职业意识等方面。在一个企业中，10%是人财，80%是人才，10%是人裁，只有良好的职业素养才算是人才，而对人才的要求是德才兼备。大学生拥有更好的职业素养，可以增强其在就业中的竞争力。

作为职业能力和职业素养培养主体的大学生，努力提升自我的职业能力和职业素养，是每个大学生应该自觉、主动进行的一项人生修炼。

（一）职业能力的构成

可以把大学生职业能力分为一般职业能力、专业能力和职业综合能力。

1. 一般职业能力

一般职业能力主要是指一般的学习能力、文字和语言运用能力、数学运用能力、空间判断能力、手眼协调能力、形体知觉能力等。此外，任何职业岗位的工作都需要与人打交道，因此，对环境的适应能力、人际交往能力、团队协作能力，以及遇到挫折时良好的心理承受能力都是在职业活动中不可缺少的能力。

2. 专业能力

专业能力主要是指从事某一职业所应具备的专业能力。在求职过程中，招聘方最关注的就是求职者是否具备胜任岗位工作的专业能力。

3. 职业综合能力

职业综合能力指那些所有的职业岗位都不可缺少、所有的就业者都应具备的能力，也是国际上普遍注重培养的"关键能力"。主要包括三个方面：

（1）跨职业的专业能力。从以下三个方面可以体现出一个人跨职业的专业能力：①运用数学和测量方法的能力。②计算机应用能力。③运用外语解决技术问题和进行交流的能力。

（2）方法能力。主要包括三个方面：①信息收集和筛选能力。②掌握制订工作计划、独立决策和实施的能力。③具备准确的自我评价能力和接受他人评价的承受力，并能够从成败经历中有效地吸取经验教训。

（3）社会能力。社会能力主要是指一个人的团队协作能力与人际交往能力。在工作中能够协同他人共同完成工作，对他人公正宽容，具有准确裁定事物的判断力和自律能力等，这是岗位胜任和在工作中开拓进取的重要条件。

（4）个人能力。随着中国经济体制改革的深入、法制的不断健全完善，人的社会责任心和诚信将越来越被重视，假冒伪劣将越来越无藏身之地，一个人的职业道德会越来越受到全社会的尊重和赞赏，爱岗敬业、工作负责、注重细节的职业人格会得到全社会的肯定和推崇。

（二）职业素养的构成

"素质冰山"理论认为，个体的素质就像水中漂浮的一座冰山，水上部分的知识、技能仅仅代表表层的特征，不能区分绩效优劣，水下部分的动机、特质、态度、责任心才是决定人的行为的关键因素，能够鉴别绩效优秀者和一般者。大学生的职业素养也可以看成一座冰山，冰山浮在水面以上的只有1/8，它代表大学生的形象、资质、知识、职业行为和职业技能等方面，是人们看得见的、显性的职业素养，这些可以通过各种学历证书、职业证书来证明，或者通过专业考试来验证；而冰山隐藏在水面以下的部分占整体的7/8，它代表大学生的职业意识、职业道德、职业作风和职业态度等方面，是人们看不见的、隐性的职业素养。

（三）大学生职业能力和职业素养的培养

1. 要培养职业意识

培养职业意识就是要对自己的未来有规划。雷恩·吉尔森说："一个人花在影响自己未来命运的工作选择上的精力，竟比花在购买穿了一年就会扔掉的衣服上的心思要少得多，这是一件多么奇怪的事情，尤其是当他未来的幸福和富足要全部依赖于这份工作时。"因此，大学期间，每个大学生应明确"我"是一个什么样的人？"我"将来想做什么？"我"下一步做什么？环境能支持"我"做什么？进行客观、全面的自我评估，就是认识自己的个性特征，包括自己的气质、性格和能力，以及自己的个性倾向，包括兴趣、动机、需要、价值观等。根据自我评估的结果和与未来的职业匹配，对自己的优势和不足有一个比较客观的认识，结合环境，如市场需要、社会资源等，确定自己的发展方向和行业选择范围，明确职业发展目标。

2. 利用学校现有的教育资源，主动培养自身的职业能力

学校的教学及各专业的培养方案是针对社会需要和专业需要所制定的。大学生应该积极配合学校的培养计划，认真完成学习任务，重视大学课堂，积极参与在校实践和校外实习，尽可能利用学校的教育资源，包括教师、图书馆等，获得知识和技能，作为将来职业需要的能力储备。

3. 有意识地培养职业道德、职业态度、职业作风等职业素养

核心职业素养体现在很多方面，如独立性、责任心、敬业精神、团队意识、职业操守等。事实表明，很多大学生在这些方面存在不足。因此，大学生应该有意识地在学习和生活中主动培养独立性，学会分享、感恩，勇于承担责任。要正确认识自我，客观看待自己，正视自己的缺点，扬长避短，把个人素质的基本要求，自觉地转化为个人内心的要求和坚定的信念。要乐于接受"360度"的评价，多听取他人意见和建议，如老师、同学、家长等，接受表扬的同时还要能欣然接受批评。大学生职业素养的自我培养还应该加强自我修养，在思想、情操、意志、体魄等方面进行自我锻炼。同时，还要培养良好的心理素质，增强应对压力和挫折的能力，善于从逆境中寻找转机。

成长感悟

大学生生涯规划个案

我们向往美好的明天,所以一直为着心中的那个梦而奋斗。大学生职业生涯规划,换个角度理解,就是对我们心中的那个蓝图的描绘。我们对自己的职业生涯进行规划,就是给自己的梦想插上翅膀。远大的理想总是建立在坚实的土地上的,青春短暂,从现在起,就力争主动,好好规划一下未来的路,去描绘这张生命的白纸。

一、个人资料

姓名:张伟。

性别:男。

出生年月:1986年7月。

性格:比较外向。

学历:大学本科二年级。

专业:自动化。

座右铭:路漫漫其修远兮,吾将上下而求索!

二、自我盘点

1. 兴趣爱好

业余爱好:读报纸、军事杂志,足球、台球。

心中偶像:周恩来、李嘉诚、克洛泽、阿诺斯瓦辛格。

喜欢的文学作品:《三国志》《水浒传》《西游记》。

喜欢的歌曲:《阳光总在风雨后》《水手》《我的未来不是梦》。

喜欢的电影:《英雄》《暖春》《加勒比海盗》。

2. 优势盘点

(1) 体格健壮、热情大方、真诚、坦然、善良、乐观、开朗。

(2) 学习、动手、独立思考能力强,胆大,不服输,具有冒险精神,善于挑战自己。

(3) 做事谨慎、认真,考虑问题较周到、全面,具有团队精神。

(4) 善于在理想与现实中寻找平衡,能较好地调整自己。

3. 劣势盘点

长相有点对不起大家,身高有待提高,学习方面需进一步提升。感情易波动,有时心思较散,精力不集中。有时会感到悲观,有一定的惰性。做事缺乏耐心,不够执着和专注。

三、解决自我盘点中的劣势和缺点

(1) 多阅读名人传记,学习他们坚毅的品格和顽强的意志,以及个性鲜明的男子汉作风。

(2) 真心向同学、老师、朋友请教,及时找出自身存在的各种不足并制订相应计划加以针对性的改正。

(3) 积极争取条件,参加校内外的各项勤工俭学活动,解决短期内的生活费用问题,同时增加自身的社会工作阅历,为以后创造更好的精神财富和物质财富打下坚实的基础。

(4) 重视同学交际圈、重视和每个人的交往,不论身份贵贱和亲疏程度。

四、社会环境分析

电子、信息、网络发展迅速,科技日益更新,人才济济,竞争激烈——世界变化如此之快!

五、角色建议

父亲:无论做什么事,一定要尽全力。

母亲:要努力学习,方便为以后更好发展。

姐姐:学好大学知识,力争考研。

同学:做事认真仔细,有责任心,动手能力强。

六、职业生涯规划

1. 学习生活规划

大学期间,要将计算机、英语及专业课作为学习的重中之重。

大学二年级:要通过大学英语四级考试;通过计算机应用二级考试。

大学三年级:把学好学精专业知识放在首位,并着重提高自己的工作能力、交际能力、动手能力和环境适应能力;同时,锻炼自己独立解决问题的能力;尽量多体验兼职,积累工作经验。

大学四年级:目标应锁定在工作申请及成功就业上,积极参加招聘活动,尽量在毕业前签订好工作岗位。

2. 近10年的目标

2010—2012 年:经过不断地尝试努力,稳定自己的工作岗位。

2013—2014 年:建立自己的家庭。

2015—2019 年:努力工作,争取往更高阶层晋升,并提高个人收入。

2020 年:往高级工程师方向发展,争取在 38 岁前获得高级工程师资格。

3. 求职计划

(1) 大学期间拿到学位证书、资格证书,还要尽全力多获得其他荣誉证书,为自己求职打下良好的基础。

(2) 注重个人素质的提高和能力的培养。

(3) 通过在大学期间的勤工助学、兼职等工作积累工作经验,争取在众多应聘者中脱颖而出。

(4) 一定要在大四之前把简历制好,留下更多的时间来找工作。

(5) 要时刻关注招聘信息,积极参加招聘活动,并收集相关招聘公司的资料,以便更好地了解招聘公司,给自己是否签约做参考。

七、结束语

任何事,不能只说不做,要付出自己的实际行动。当然,计划不如变化,未来的世界是不可预见的,但要相信一点,那就是不管怎么样都不能偏离自己的目标,拿出勇气努力拼搏。我想,这样一定能实现自己的目标。

现在我要做的是,迈出艰难的一步,朝着这个规划的目标前进,要以满腔的热情去获取最后的胜利。

(选自:http://jyzd.bzmc.edu.cn)

第三节 通往毕业之路

【培养互通技能的"5C"法则】

在通往毕业的路上,很多大学生会迷茫,也经常不知所措,所以一定要准确地认清自己的互通技能并培养更多互通技能。根据一份关键技能调查揭示,企业正在寻找具备四种互通技能的人才。每种技能的英文首字母都是 C,它们包括:

创造思维(Creative thinking):企业重视那些对产品和服务具有创造性设想并能把设想变为现实的员工。

批判思维(Critical thinking):批判思维能够提出正确的问题,思考多种可能的答案,然后用逻辑和证据进行验证。具有批判思维的人擅长决策和解决问题。

沟通(Communication):出色的讲话、倾听、写作和阅读能力都非常重要。懂得沟通的人清楚沟通的目的是什么,即使面对的受众形形色色,也能找到方法达成沟通的目的。

协作(Collaboration):项目由团队完成。企业重视那些可以和不同的人共事、设定目标并实现目标的人才。

如果你能好好地学习并将本书中的要点加以练习和实践,那么你还能培养第五个 C 的互通技能:

品格(Character):尽管这点并不在以上关键技能调查的名单里面,但其重要性不可小觑。有了优秀的品格,互通技能才有用武之地,人的才能在不同环境下才能得以施展。前面的四个 C 与你做什么相关,而品格决定了你是谁。最后一个 C 指的正是新时代大学生应该具有的品质——积极的态度、有能力、灵活、好学上进、值得信赖……当企业提到"专业的职业道德"时,他们说的就是品格。

【自我检验】

一、大二盘点

大二规划总结:	
原因分析	
主观原因:	客观原因:

续表

改进措施：

大三是高职院校学生大学生活的最后一年。一般来说，这一年是高职学生从学校走向社会最为关键的一年。如何做好这一年的规划是极为重要的。

二、大三规划

有句话说得好：你的心有多宽，你的舞台就有多大；你的梦有多远，你的成就就有多高；做正确的事情远比正确地做事情重要。年轻的大学生们，到底是考研，是就业，还是出国，知道自己要什么，知道自己能做什么，对我们的人生来说实在太重要了。当前，很多大学生对自己的大学生涯没有规划。一项据凤凰网和国内知名调查公司联合开展的调查显示，81.2%的大学生认为找到一份理想的工作非常困难。在这个大学生就业日益困难而就业现状不容乐观的背景下，作为当代大学生的我们的确应该深思：我们大学生应该如何规划自己的大学岁月？本章从一个成功的生涯规划案例出发，告诉我们生涯规划之于大学生的重要。本章将教给你具体的生涯规划的方法，让你的大学四年生涯连接你的梦想与成就。

经典旁例

大一就规划职业生涯的他如愿进"四大"

并非毕业于国家重点大学，又身处全球金融危机，上海师范大学经济学专业的应届本科生朱非墨，却早早成功进入全球四大会计师事务所之一的毕马威上海所审计部门。

很多人向朱非墨探讨进入"四大"的秘诀，他总结说，"早准备，多锻炼"是自己获得成功的主要原因。

朱非墨认为，要成功就业，提早进行职业生涯规划最重要。还在大一时，他就参照上海师范大学商学院实习就业部的《商学院职业生涯规划与目标导学体系》，做好职业生涯规划，首先把主要精力放在专业知识的学习上，因为大一所养成的学习习惯、处世态度，对将来的学习和工作都有深远的影响。

大二时，朱非墨开始涉猎一些职业资格证照的考试，并在学院或班级中担任职务，锻炼自己的能力。在大学期间，朱非墨通过课余学习获得了会计上岗证、英语六级证书、英语中级口译证书和高级口译笔试及剑桥商务英语高级证书，这些都为他能够成功进入"四大"

增加了砝码。

也是从大二起，他先后到四家公司实习，包括国企、中外合资企业和外企。"通过实习，我感受到不同组织结构的企业文化，大开眼界，还逐渐发现了自己的兴趣在于财务，所以最后找工作时就有了针对性。"朱非墨认为实习经历丰富是自己进入"四大"的原因之一。

去年大四第一学期刚开学，朱非墨按照职业规划，只选择了宝洁、毕马威两家公司应聘。"我在应聘前也做了充分的准备，只简历这一块，就上网查询了许多模板，还向老师进行了咨询。"朱非墨说，他总结了自己就业成功的七大心得：初入大学，学习是重中之重；宜早做准备，认识自己并且做好职业生涯规划；对于大学毕业后就将踏入社会的同学来说，社会实践非常重要；不论学习还是工作，一直要保有良好的心态，不惧失败；凡事有主见，不人云亦云，走最适合自己的路；大学期间广结良友；尽量多拿一些证书或通过一些专业资质的考试。

（《东方早报》，2009年2月19日）

点评：朱非墨的"早准备，多锻炼"为他赢得了大学后第一份满意的工作，是职业生涯规划的成功案例。早准备，即职业生涯要早规划，要从大一开始，而多锻炼，即职业生涯规划的实施与准备。可以说，成功的人生从规划开始。

希望以下的小技巧能够帮助你更好地认识自己的本领，并不断加以完善。

这是一道能发现自己本领的练习，包括三大步骤。做练习之前，收集至少100张卡片、一支钢笔或者铅笔。准备大概一小时完成练习。

第一步

回忆自己上一周或上个月的活动。为帮助回忆，尽可能地多写写活动，分别把每一项都列在卡片上，包括跟工作相关的活动、学校活动及爱好。除了一些日常活动，回忆你自己得到的任何奖项或者在过去一年中获得的成就上的肯定，包括奖学金、运动方面的奖项，或者志愿者工作认可等。

用20分钟完成这一步，列出自己能回忆出的所有活动。

第二步

接下来，检查自己的活动卡片，再用20分钟列出要完成这些活动要求的专业知识或程序。比如，上一节英语课就要求有对英语的应用。在不同的卡片上写下这样的技能并标上"内容"。

第三步

再查看一遍自己的活动卡片，找可以互通的技能。比方说，假设自己是电脑店的销售员做一次有说服力的演讲。这就是通用技能。能给汽车调试音响就说明你有注意细节的特点和排除故障的能力。

把每一项互通的技能都列在单独的卡片上。

祝贺你，你现在已经对自己的技能有了详细的了解。保存你的内容清单和通用技能清单以备写简历，准备面试或其他职业规划之需。当你又考虑新技能时，再把它加到清单中。

大三情况分析（学习、品德、技能、实践等方面）：		
目标确定：		
	目标分解	成果
品德修养	1.	
	2.	
	3.	
理论学习	1.	
	2.	
	3.	
职业技能	1.	
	2.	
	3.	
实际活动	1.	
	2.	
	3.	

格言导航：

成功就是一个人事先树立的有价值的目标，然后循序渐进地变为现实的过程。

——格莱恩·布兰德

三、学习规划

进入大三，课堂上学习的时间少了，业余时间增多了。坐下来想一想，面对你未来的职业发展,你还需要掌握哪些知识,获得哪些职业资格证书,给学习留点时间吧!

还记得大学学习的总目标吗?根据总目标和大三的学习情况,以及你设计的未来的职业发展方向,锁定大三的学习目标,给自己确定努力的方向。

课程学习		目 标	实施措施
专业课			
公共课			
选修课			
技能操作			

具备的能力:

不足之处:

行动计划:

方法对了才能事半功倍，哪些学习方法更适合你？

_____

_____

哪些不好的习惯是你学习的阻力？

_____

_____

_____

为了最终完成学业，你今天的目标是什么

坚持不懈需要目的，需要明确地知道自己想从教育中获得什么。一些学生开始接受高等教育，目标不够明确。这类学生很容易跟学业脱节，让其他活动占据自己生活的主要地位。你在制订周计划的时候，用"发现陈述"来完成下面的句子：

我最想从学校中获得的是：

我还想要得到的是：

为了得到我想要的，这学期要实现的目标是：

这样写可以让你更加清楚做事的优先次序。现在，放大画面，来一次目标特写。每月至少完成一次下面的目标陈述：

为了实现这学期的主要目标，我打算这个月完成：

为了完成这个月的目标，我打算这周完成：

你针对最后一个问题的答案，应该是可以列入日常任务清单或日程中的具体任务。有计划，才能有坚持。只有当目标指导着我们此刻的行动时，它才可能被实现，把顺利毕业定为目标。背上行囊，踏上毕业之路。

作为一名即将告别校园的大三学生，回顾两年多的学习生活，你应该有过成功的愉悦，也有过受挫的失落。但学习是一辈子的事情，让我们站在学校与社会的门槛上，反思一下我们的学习吧！

完成的学习目标：	未完成的学习目标：

续表

原因分析	
主观原因：	客观原因：
改进措施：	

↻ 四、健康规划

健康的身体是做事情取得成功的前提和保障，拥有良好的身体素质、心理素质和精神面貌，在求职的过程中才能展示出自己最好的一面，这是求职成功的基本保证。

（一）大二健康规划盘点

健康目标	实施情况

续表

健康目标	实施情况

你有哪些不利于健康的坏习惯？
_____
_____
_____

寝室同学对你在健康管理方面的评价有哪些？_____
_____

健康的身体来自运动。

（二）大三健康目标确定

给大三制订一份运动计划，让你的身体更健康。

活动项目	时间安排	实施措施

续表

活动项目	时间安排	实施措施

职场知识加油站

职场生活方式与健康管理

一、现代生活方式病及其防治

目前，人们将主要因不健康的生活方式和环境因素所致的严重威胁人类健康和生命的疾病统称为"生活方式病"，其中包括心脑血管病、恶性肿瘤、肺部疾病、糖尿病、肥胖、高脂血（家庭遗传除外）、痛风和骨质疏松症，甚至包括一些足部皮肤病等。

公务员群体由于体育活动少、经常加班熬夜、高糖高脂高胆固醇饮食、精神紧张等诸多因素，成为现代生活方式病的高发人群。

生活方式病的发生与发展非一般传统的医疗技术和药物所能控制和预防，只能从人们的行为着手，提高人们的健康知识水平和自我保健能力，激励人们采取有益于健康的行为，采取健康的生活方式，避免危险因素，进而达到增进健康的目标。

健康教育是目前开展生活方式病防治最经济、最有效的疾病防治措施。在生活方式病防治工作中，开展全民性健康教育，以健康促进为基本策略，以普及基本卫生知识为切入口，以倡导科学、文明、健康的生活方式和提高国民健康水平及生活质量为目标，努力实现健康教育在生活方式病防治中的重要作用。

预防生活方式病的七个要领：

(1) 清淡饮食，多吃蔬菜少吃肉。
(2) 坚持体育锻炼，控制体重。
(3) 吃早饭不吃夜宵。
(4) 生活作息有规律，劳逸结合，保证睡眠充足。
(5) 喝酒最好喝葡萄酒。
(6) 坚决戒烟。

(7) 定期体检。

二、生活方式须科学

(一) 起居有常

所谓"起居",是指人们的起卧作息及日常的生活;"有常"说的是日常生活要有规律。起居有常是强身健体、延年益寿的重要保证。

1. 起居有常的健康意义

首先:保证健康的体质。

其次:增强人体对外界的适应能力。

最后:调养人的精神和情绪。

2. 起居无常的危害

起居无常就是指生活没有规律。没有规律就会造成身体功能的紊乱和退化,耗费元气、降低身体的适应能力和抵抗能力,从而加速衰老或者引起疾病。只有养成科学、合理的起居习惯,才能保证健康。

3. 合理安排起居的原则

只有适应环境的起居安排才是客观、科学的,才能在不同的环境下达到维护健康的目的。

(二) 劳逸有度

(1) 劳逸有度是身体健康的需要。

(2) 劳逸有度是精神健康的需要。

(3) 劳逸有度的方法包括:选择劳动要适合自己的实际情况,轻重适宜;坚持体力劳动和脑力劳动的结合;休息娱乐的方式要健康而且多样化。

(三) 饮食有节

(1) 要控制合适的量。

(2) 饮食时间上要符合规律。

(3) 饮食的种类上要有利于自己的健康。

(四) 适当娱乐

适当娱乐要遵循一定的原则,包括:

(1) 要符合社会法律和道德的规范。

(2) 要符合自身的习惯和职业特点。

(3) 要坚持适度的原则。

回顾一学年,你的运动健康计划实施得怎样?效果如何?

_____

_____

_____

_____

_____

心理承受能力是否有所提高？想一想你在遇到挫折时的表现是否让你满意？

_____
_____
_____
_____
_____

走出校园，各方面的压力都会随之而来，你对以后加强身心健康有哪些新的想法？

_____
_____
_____
_____
_____
_____

> **格言导航：**
>
> 只有身体好才能学习好、工作好，才能均衡发展。
>
> ——周恩来
>
> 健康是人生的第一财富。
>
> ——爱默生

五、情感规划

进入大三，大学生活即将结束，与朋友、同学挥手告别的日子越来越近了，大学时期的朋友、同学之间的感情将是你人生中最重要的情感财富，懂得珍惜情感的人才会幸福一生。

（一）大二情感规划自我盘点

	情感目标	实施情况	收　获	不　足
亲情				
友情				
爱情				

（二）大三情感规划目标确定

情感目标	实施过程

（三）情感规划行动策略

记下家人的生日，记得送上生日祝福：

记下家人收到你的祝福时的表现：

还记得父母小时候给你洗脚的时候那种慈祥的目光吗？
找个假期给父母洗次脚，记下你的感受：

大三了，你认识的人更多了，生活的圈子更大了，你可能在情感上对父母依赖少了，结识了新朋友不忘老朋友，多久没和远方的朋友说说心里话了，打个电话吧！

你想和朋友说点什么？
_____
_____

朋友对你说了什么？
_____
_____

（四）大三情感规划反思调整

该是反思的时间了，在走出校园之前给自己的大三情感规划打_____分。

情感目标	反　思
亲情	
友情	
爱情	

格言导航：

　　真挚的友谊犹如健康，不到失却时，无法体味其珍贵。

　　　　　　　　　　　　　　　　　　　　　　　　　　　——培根

　　父母的爱虽然不需要我们回报，但需要我们感恩，只有懂得感谢父母，才懂得感谢整个世界。

六、时间规划

　　平衡时间与学业的关系，大三实习期间，不能因为实习忘记了学习。实习本身也是一种学习，应该把学业当成终身事业，活到老，学到老，为学业努力投入。在学业和时间之间做好平衡，在各项工作当中要做好时间规划，才能让自己的生活开始游刃有余。

经典推荐

匆 匆

文：朱自清

　　燕子去了，有再来的时候；杨柳枯了，有再青的时候；桃花谢了，有再开的时候。但是，聪明的你告诉我，我们的日子为什么一去不复返呢？——是有人偷了他们罢：那是谁？又藏在何处呢？是他们自己逃走了罢：现在又到了哪里呢？

　　我不知道他们给了我多少日子，但我的手确乎是渐渐空虚了。在默默里算着，八千多日子已经从我手中溜去，像针尖上一滴水滴在大海里，我的日子滴在时间的流里，没有声音，也没有影子。我不禁头涔涔而泪潸潸了。

　　去的尽管去了，来的尽管来着；去来的中间，又怎样地匆匆呢？早上我起来的时候，小屋里射进两三方斜斜的太阳。太阳他有脚啊，轻轻悄悄地挪移了；我也茫茫然跟着旋转。于是——洗手的时候，日子从水盆里过去；吃饭的时候，日子从饭碗里过去；默默时，便从凝然的双眼前过去。我觉察他去的匆匆了，伸出手遮挽时，他又从遮挽着的手边过去，天黑时，我躺在床上，他便伶伶俐俐地从我身上跨过，从我脚边飞去了。等我睁开眼和太阳再见，这算又溜走了一日。我掩着面叹息。但是新来的日子的影儿又开始在叹息里闪过了。

　　在逃去如飞的日子里，在千门万户的世界里的我能做些什么呢？只有徘徊罢了，只有匆匆罢了；在八千多日的匆匆里，除徘徊外，又剩些什么呢？过去的日子如轻烟，被微风吹散了，如薄雾，被初阳蒸融了；我留着些什么痕迹呢？我何曾留着像游丝样的痕迹呢？我赤裸裸来到这世界，转眼间也将赤裸裸的回去罢？但不能平的，为什么偏要白白走这一遭啊？

　　聪明的你告诉我，我们的日子为什么一去不复返呢？

　　你的日积月累，早晚会成为别人的望尘莫及。有精力追剧、八卦、打游戏，却没工夫提升自己；找借口磨蹭、拖延、耗时间，却从未拼尽全力……你要知道，这世上最遗憾的浪费，莫过于浪费时间；最可耻的辜负，是辜负自己。行动起来，生命只这一次，你没时间浪费时间。

【时间管理的有效建议】

1. 将任务分成小块

　　将任务分割成可操作、可执行的小块，能使时间管理变得更简单，你只需确保每个小任务顺利完成。

2. 不要压缩睡眠时间

　　睡眠时，大脑有三大信息处理程序：整合、同化、抽象化。这三个过程对你的记忆力、认知能力提升非常重要。有时候睡一夜之后，你可能发现让你困惑的问题想明白了。

3. 养成午睡习惯

　　即便是四五分钟的小睡也能显著提高认知能力，改善记忆力，提高生产效率。小睡还能重新校准你的情感平衡，在愤怒和恐惧后，午睡能扭转你的负面情绪。

4. 定期清理大脑

　　每周专门拿一天出来，关掉电话，关闭邮箱和浏览器。在这期间，只做创造性的工作，其他的杂事全部抛开。让自己进入一种心理状态：你现在正在做的事情就是最重要的事情。

5. 五分钟原则

如果某件事五分钟以内完成，那么就立刻处理它。因为小事堆积起来，大脑会不停提醒你去做，当大脑形成心理压力时，只会导致你花更多精力让自己不去处理它们。

6. 做事考虑"性价比"

处理一件事情所花的时间，不要超过事情本身的价值。比如，你想在网上买件衬衫，花了一整天时间来挑选买哪件，那么这个时间花费得就不值得。

7. 某段时间内只做一件事

多任务模式下，任务之间来回切换所消耗的能量会更多；而专注于某一项任务，所消耗的能量更少，而且完成任务后，人也不容易感到疲惫。

8. 提醒自己未来会怎样

利用好日历，让日历告诉自己今天干什么，要思考未来哪些事情。对于要处理的新任务，算出需要多长时间来完成，并在 deadline 之前在日历上备注。

9. 把信息"外化"

无须将所有事情都记在大脑中，日历、智能手机、Todolist 都是大脑的扩展。把信息外化到纸张或芯片，让大脑免于记忆无数细节，来减轻大脑记忆负担。

（一）大二时间规划盘点

占用时间最多的几件事	收获最大的几件事	浪费时间的几件事

自己评价一下大二的时间管理做得怎么样？

_____

_____

_____

_____

哪些方面需要改进？

_____

_____

_____

_____

（二）确立大三时间规划目标

学会时间管理的人，才能从容地做好每一件事。结合大三你要努力的方向，进行时间规划吧！

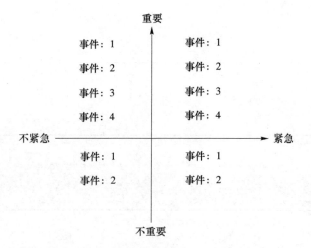

浪费时间的原因有主观原因和客观原因两大方面。这里，我们来分析一下你

浪费时间的主观原因，请选择_____

（1）做事目标不明确。

（2）作风拖拉。

（3）缺乏优先顺序，抓不住重点。

（4）过于注重细节。

（5）做事有头无尾。

（6）没有条理，不简洁，简单的事情复杂化。

（7）事必躬亲，不懂得授权。

（8）不会拒绝他人的请求。

（9）消极思考。

活动：时间管理体验

把每星期要做的事都记录下来，然后按照时间安排一项一项来做。

星期一	
星期二	
星期三	
星期四	
星期五	
星期六	
星期日	

（三）大三规划执行反思

一周时间过去了，学习效率和工作效率有没有提高？

_____

你对时间管理有什么新的认识？

_____

大学生活要结束了，回头看看你还有哪些浪费时间的行为，让同学和老师给你一些意见。

自我评价：_____

_____

同学评价：_____

老师评价：_____

（四）大三规划调整修正

说一说你还需要在以下两个方面作何改进？

制订计划：_____

实施措施：_____

格言导航：

　　生命是以时间为单位的，浪费别人的时间等于谋财害命；浪费自己的时间，等于慢性自杀。

——鲁迅

七、职前准备

机遇钟情有准备的人。

以下列出了人们在选择工作时，通常会考虑的九种因素（见所附工作价值标准）。现在请你在其中选出最重要的两项因素，并将其填入下面相应的空格上。

● 最重要：_____ 次重要：_____ 次不重要：_____ 最不重要：_____

附：工作价值标准

1. 工资高，福利好；　　2. 工作环境（物质方面）舒适；　　3. 人际关系良好；
4. 工作稳定，有保障；　　5. 能提供较好的受教育机会；　　6. 有较高的社会地位；
7. 工作不太紧张，外部压力少；8 能充分发挥自己的能力和特长；9. 社会需要与社会贡献大。

自 1949 年以来，大学生就业制度经历了不同的历史发展阶段。近年来，大学生就业制度得到了不断改革和完善，与之相适应的大学生就业市场也在逐步走向规范。因此，对于在校生和面临求职择业的大学生来说，只有对就业市场有所了解和认识，才有可能形成正确的择业观念和择业行为，找到正确、有效的就业途径。从目前的毕业生就业实践来看，毕业生主要选择了以下几种就业途径：

（1）考公务员，到党政机关就业。《国家公务员暂行条例》规定，国家政府机关一律实行考试考核的办法录用公务员，工作相当稳定。因此，现在很多应、往届毕业生选择报考公务员。当然，参加公务员考试也会面临激烈的竞争。对于应届毕业生来说，在公务员笔试考试中占有较大优势。但是由于应届毕业生社会经验不如其他竞争者，所以在面试中可能会处于劣势。因此，应届毕业生应该充分把握在校期间所有可能得到锻炼的机会，提高自身社会交往、逻辑思维、口头表达等能力。

（2）参军入伍，到军营去燃烧青春。中央军委为实现"科技强军"战略，每年都会到地方高校征兵，对于那些喜欢军营的学生来说不失为一个好的选择。退伍后，自主择业，择业期间享受一定的政策优惠。

（3）到企业工作。企业要求应聘者具有较强的沟通能力、注重团队精神、充满活力、有很强的创新能力，这些要求对于应届毕业生而言是非常有利的。所以，每年也有大量的毕业生选择到企业工作。

（4）专升本。现在提高学历已经成为一种普遍追求，每年的专升本、考研等队伍也在不断扩大。但是，我们应保持清醒，并不是每个人都适合专升本或考研。毕业生必须经过深思熟虑后再做决定，一旦确定以后，应朝着目标不屈不挠地奋斗。很多专升本成功的同学都用一句话来概括他们的考研经历：痛并快乐着。

（5）参加"大学生志愿服务西部计划"和"三支一扶"计划。

"大学生志愿服务西部计划"是团中央、教育部根据国务院常务会议、《国务院办公厅关于做好2003年普通高等学校毕业生就业工作通知》和2003年全国高校毕业生就业工作电视电话会议精神的要求而实施的鼓励大学毕业生到基层、到西部工作的一项政策。这项政策从2003年开始，按照公开招募、自愿报名、组织选拔、集中派遣的方式，每年招募一定数量的普通高等学校应届毕业生，到西部贫困县的乡镇从事为期1~2年的教育、卫生、农技、扶贫，以及青年中心建设和管理等方面的志愿服务工作。工作期满后，自主择业，择业期间享受一定的政策优惠。

"三支一扶"计划是指大学生在毕业后到农村基层从事支农、支教、支医和扶贫工作。"三支一扶"计划有一套详细的组织招募工作流程，每年4月前后，各地收集、汇总、上报乡镇一级教育、农业、卫生等基层岗位需求信息；每年5月前后，各地根据下达的招募计划，采取考核或考试的方式进行公开招募；每年7月底前，派遣"三支一扶"大学生到服务单位报到。"三支一扶"工作时间一般为2~3年，工作期间给予一定的生活补贴。工作期满后，自主择业，择业期间享受一定的政策优惠。

如果说面试是求职成功的必经之路，那么一份好的求职材料便是照亮这条道路的灯塔。毕业生参加各种供需见面会、洽谈会、招聘会、人才交流会、双选会，访问用人单位，恳请老师推荐，拜托亲友帮忙，都需要一份介绍自己的书面材料，达到"广种薄收"的效果。而大部分用人单位安排面试的依据是阅读反映毕业生情况的书面资料。因此，撰写有说服力并能吸引读者注意力的书面资料是赢得胜利的第一步。毕业生的求职择业材料包括毕业生就业主管部门编制的就业推荐表和毕业生自己编撰的自荐材料两部分。从目前市场主要使用的求职材料的情况来看,主要包含以下几方面内容:

(1) 求职信。

(2) 个人简历。简历,顾名思义,就是对个人学历、经历、特长、爱好及其他有关情况的简明扼要的书面介绍。

(3) 学校推荐表或推荐信。一般由学生所在院系填写推荐意见,招聘单位一般比较重视。

(4) 学习成绩单。这是毕业生大学学习成绩的证明,应由各院系教学部门填写、盖章。

(5) 各种证书。诸如外语、计算机等级证书,各种荣誉证书,获奖学金及各类竞赛的获奖证书等。

(6) 参加社会实践、毕业实习的鉴定材料。

(7) 有关比赛获奖、科研成果证明及在报刊发表的文章等。

(一) 目标确定

求职目标一:

求职目标	目标职业:
	目标岗位:
	目标城市:
目标行业分析(行业现状、发展前景):	
目标城市分析(地理气候、经济环境、发展前景):	
目标企业分析(企业性质、规模、制度、发展前景):	

续表

| 目标岗位具备的能力： |
| |

| 自身具备的能力： |
| |

| 与目标岗位的差距： |
| |

| 努力方向（方案）： |
| |

求职目标二：

求职目标	目标职业：
	目标岗位：
	目标城市：

目标行业分析（行业现状、发展前景）：

目标城市分析（地理气候、经济环境、发展前景）：

目标企业分析（企业性质、规模、制度、发展前景）：

目标岗位具备的能力：

续表

自身具备的能力:
与目标岗位的差距:
努力方向(方案):

(二) 行动策略

和你的同学一起来做求职前的准备。

活动:职业博览会

【活动目标】 激发学生开发职业资料的收集与兴趣的分析,通过成果分享拓宽学生的职业知识,通过活动锻炼表达、演说和思辨能力。

【活动流程】

(1) 每4~5人组成一个"职业资料专家小组",每组选定1人为主席,1人负责记录,3~5人为参谋,每组选定一个类型的职业(每类职业包括数种具体职业)并收集相关资料。

(2) 活动开始时首先安排桌椅,以便开展"职业资料新闻发布会"。

(3) 每组推选1人进行5分钟左右的"职业资料发布"演示(有条件的教室可以使用PPT等多媒体手段),内容包括职业的工作内容、应聘要求等。

（4）演示完毕，全体组员到台前接受其他同学的咨询，时间为5分钟左右。主席须自己或者指定参谋回答咨询者的问题，无法回答的问题，可以求助授课教师。

（5）其他同学就准备的职业资料质量、演示现场表现和答询反应进行打分。

（6）各组演示、答询、打分完毕后进行评比。

【现场讨论】

（1）怎样才能收集到正确、完整的职业资料？

（2）各组介绍的职业资料中，有哪些不确实或者有争议的？

（3）各组介绍的职业中，哪个和哪一些吸引你？其理由是什么？

职业资料博览会评分表：

组别	
成员	

评价项目	总 分	得 分
职业知识与资料	30	
表达与答询	30	
态度与台风	20	
团队合作与四气	20	
合计	100	

求职渠道有哪些？

当你寻找工作机会时，你知道有哪些渠道吗？

求职渠道可以归纳成下列五类，仔细了解这些求职渠道如何运作，想想不同求职渠道各有哪些优点和缺点。与职业人一起讨论，寻找到适合你的求职渠道。

求职渠道	优 点	缺 点
1. 亲友介绍 　　A. 亲戚 　　B. 师长、朋友		
2. 报纸、杂志 　　A. 报纸求才广告栏 　　B. 杂志求才广告栏 　　C. 就业快报和求职快报		

求职渠道	优 点	缺 点
3. 学校辅导单位 　　A. 就业辅导处 　　B. 学生辅导中心		
4. 人才市场和招聘会 　　A. 校园招聘会 　　B. 人才市场 　　C. 专场招聘会		
5. 私人中介机构 　　A. 职业介绍所 　　B. 求职网站		

简历制作：即将面临就业，对每个毕业生而言，当务之急的事情，恐怕就是制作一份个人简历了。那么，怎样制作个人简历呢？"突出个性，与众不同"便是你设计个人简历成功的法宝。

简历的作用：

简历制作的原则：

简历形式包括：

续表

简历内容包括：
制作简历应突出的内容：
求职目标与所学专业不一致时，制作简历应注意的事项：

个人简历的写作方法及注意事项

一份出色的个人简历是毕业生求职和开启事业之门的钥匙，因为很多时候，简历会决定求职者能否得到面试机会。所以，现在的毕业生非常重视简历的设计，在招聘会上，经常会看到一些厚如书册、包装精美华丽的简历。但是，大学生们精心制作的简历却未必能得到用人单位的认可。那么，什么样的求职简历才是合适正确的，才能得到用人单位的青睐呢？

1. 简历写作的基本要求

编写简历的一个基本出发点，就是要使用人单位的人事主管在很短的时间内，能了解到求职者是否具备录用资格。因此，编写简历时必须有的放矢，充分展现个人优势，同时兼顾简洁扼要、得体适用等几个方面：

（1）充分了解所求职位的具体情况，做到有的放矢。在创作简历之前，预先确定谁是阅读者，然后根据界定的阅读者创作简历。

（2）让用人单位能较为全面地了解求职者，保证简历真实。简历必须能让用人单位较为全面地了解毕业生的综合情况，目的是在 20 秒钟或更短的时间内，回答用人单位为什么要雇用你。在大多数情况下，在较为全面介绍自己的同时应注意简历要越短越好。

（3）突出工作经历和特长。用人单位一般不愿意录用没有社会经验和特长的毕业生，如果在简历中没有突出接触过社会，了解了该行业，做过些社会工作，或没有特殊才能，一般不会被重视。

（4）多次修改，确保不要出现任何拼写、语法、标点或者打印错误。如果基本汉字或表达语法出现错误，那么用人单位会认为求职者连最基础的知识都不具备，因此这是完全不能容许的错误。简历做完以后请同学、友人或老师帮忙看一下是非常有效的办法，一是看有无拼写、语法、句式等方面错误；二是从构思的角度看有没有更合适、更恰当的表达。

（5）中学情况不要写太多。有的人中学经历特辉煌，做过学生会主席，当过团支部书记，学习成绩也名列前茅，但一般不提倡在简历中写太多中学情况。因为用人单位更为注重求职者目前的表现。当然，如果求职者在中学期间获得过国际奥林匹克比赛大奖或全国性大奖等，不妨提上一笔。

（6）措辞达意，得体合适。简历与求职信一样，属于应用文体，措辞表意有习惯要求，写简历时不应违背这些要求，而应该力求得体、合适。

2. 创作简历的注意事项

对于每一位求职者来说，一份好的简历便可能意味着成功的开始，它可以为其争取到更多的机会，所以在创作简历时马虎不得。那么，应该准备一份怎样的简历才能令人过目难忘从而留下良好印象呢？其实，简历不一定非要追求与众不同，在创作简历时注意把握好以下几点，也可帮助求职者创作出一份精彩的个人简历：

（1）真实。简历最基本的要求就是真实。诚实地记录和描述求职者在大学期间的成绩和经历，能够使阅读者对求职者产生信任感，而企业对于求职应聘者最基本的要求就是诚实。企业阅历丰富的人事经理，对简历有敏锐的分析能力，遮遮掩掩或夸夸其谈终究会漏洞百出。在创作简历时一些不甚明智的做法通常包括：故意遗漏某一段经历，造成履历不连贯；在业绩上弄虚作假；夸大所任职务的责权；隐瞒跳槽的真实原因，如将被迫辞职说成是领导无方，公司倒闭描绘成怀才不遇等。其实任何一个有经验的招聘人员只要仔细阅读分析，便可轻松鉴别履历的真实性。所以，与其费尽心机，不如老老实实，只要有真才实学总会有属于自己的机会。

（2）全面。简历的作用，在于使一个陌生人在很短的时间内了解求职者的基本情况，简历就如一个故事梗概，吸引读者继续看下去。因此，要特别注意内容的完整和全面，以使对方对求职者有较全面的认识。简历通常应当包括以下基本信息：姓名、年龄、性别、家庭住址及户口所在地、教育背景及学历、专业情况、外语水平、电脑水平、工作经历、培训经历、特长、业余爱好、简单的自我评价，以及其他重要或特殊的需注明的经历、事项等，这些情况最好能有中外文对照说明。当然，千万不要忘记写明各种联系方法。

（3）简练。经常有求职者觉得简历越长越好，以为这样易于引起注意，其实这样做适得其反，会淡化招聘人员对主要内容的印象。招聘人员每天要面对大量的求职履历，工作非常忙。他们一般在粗略地进行第一次阅读和筛选时,花在每份履历上的时间不会超过一分钟。如果简历写得很长,难免导致阅读者缺乏耐心完整细致地读完简历,这当然对求职者是很不利的。因为冗长啰唆的简历不但让人觉得浪费时间,还会觉得求职者做事不干练。言简意赅、流畅简练、令人一目了然的简历,在哪里都是很受欢迎的,这也是求职者工作能力最直接的反映。

(4) 重点突出。不同的企业、不同的职位对求职者有不同的要求,求职者应当事先进行必要的分析,有针对性地准备简历。如果盲目地将一份标准版本简历用以应付每个单位的话,简历的效果会大打折扣。前文所讲到的全面不是面面俱到,不分主次,而是要根据企业和职位的要求,巧妙突出自己的优势,给人留下鲜明、深刻的印象。

(5) 语言准确。不要使用拗口的语句和生僻的字词,更不要有病句、错别字。如有外文简历,那么使用外文时要特别注意避免出现拼写和语法错误。招聘人员考察应聘者的外语能力是从求职者的履历开始的。同时,行文也要注意准确、规范,大多数情况下,作为实用型文体,句式以简明的短句为好,文风要朴实、沉稳、严肃,以叙述、说明为主,动辄引经据典、抒情议论是不可取的。有的人写简历喜欢使用文学性的修饰语,例如,"大学毕业,我毅然走上工作岗位,几年来勇挑重担,为了企业发展大计披星戴月,周末的深夜,常常还能看到办公室明亮的灯光。功夫不负有心人,虽然说'有则改之,无则加勉',但领导无中生有的指责日甚一日,令我愤懑不已,心灰意冷,终挂印而去",结尾还忘不了加上一句"我期待着一个大展宏图、共创辉煌未来的良机!"之类的口号,这样的简历,只能让人一笑置之。

(6) 评价客观,简历中通常都会涉及求职者对自己的评价,这类评价应当力求客观公正,包括行文中所表现出的语气,要做到八个字:诚恳、谦虚、自信、礼貌,这样会令招聘者对求职者的人品和素质留下良好的印象。同时,现在已经有越来越多的企业比重视技能和学历更加重视一个人的品行、开拓与合作精神等基本素质。在众多高学历应聘者参与的激烈竞争中,这方面的因素显得更为重要,也常常是因为这些非技能性的因素使最终的获胜者脱颖而出。总的来说,既不能妄自尊大,也不能妄自菲薄,分寸的把握非常重要。

(7) 版面美观。一份好的简历,除了以上对内容方面的要求之外,版面设计也是一个非常重要的因素,是真正的"第一印象"。在排版时,要做到条理清楚,标识明显,段落不要过长,字体大小适中,排版端庄美观,疏密得当。排版时既不要为了节省纸张,显得拥挤而局促,令阅读者感到吃力;也不要出现某一页纸只有几行字,留下大片空白。还要注意版面不要太花哨,要有类似公函的风格,这也能体现出求职者的基本职业素养。

通常建议使用电脑打印文稿,如果求职者的字写得不错,不妨再附上一篇工整漂亮、简短的手写求职信,效果会更好。

(8) 选用标准纸张。近年来,很多人在打印事务书信与简历时,已普遍使用国际标准幅面 A4 型的纸张,颜色一般为白色,偶尔也用淡蓝或浅黄色,都不带横格、方格或底纹。如果手头一时没有 A4 型的纸张,可先打印在一般白色、无格、不带单位名称和地址等信息内容的公文纸上,再利用复印机复印到 A4 复印纸上。

针对求职目标一制作一份简历：

针对求职目标二制作一份简历：

针对求职目标三制作一份简历：

面试技巧及注意事项

面试是一种通过精心设计，以交流和观察为主要手段，以了解考生的综合素质及相关信息为目的的测试。在面试过程中，面试官可以根据应聘者对所提问题的回答考查他的综合分析问题的能力、求职动机、人际交往能力、应变能力、自我情绪控制能力、计划组织协调能力、语言表达能力及举止和气质修养等。简单地说，面试就是通过回答面试官的问题，使考官了解考生的素质。所以，应聘者要加强自身素质的修养，提高自己的就业能力。

一、面试类型——五花八门

面试即当面测试，是用人单位对应聘者进行选拔而采取的诸多方式中的一种，也是应聘者取得求职成功的关键一步。按其形式可分为以下几种：

1. 结构化面试与非结构化面试

根据面试的结构化（标准化）程度，面试可以分为结构化面试和非结构化面试。所谓结构化面试，是指面试题目、面试实施程序、面试评价、考官构成等方面都采用统一明确的规范而进行的面试，公务员录用面试即为结构化面试。所谓非结构化面试，是对与面试有关的因素不做任何限定的面试，也就是通常没有任何规范的随意性面试。目前，非结构化面试越来越少。

2. 单独面试与集体面试

根据面试对象的多少，面试可分为单独面试和集体面试。所谓单独面试，指主考官个别地与应试者单独面谈。单独面试又有两种类型：一是只有一个主考官负责整个面试过程；二是由多位主考官参加整个面试过程，但每次均只与一位应试者交谈。公务员面试大多属于这种形式。所谓集体面试又叫小组面试，指多位应试者同时面对面试考官的情况。在集体面试中，通常要求应试者进行小组讨论，相互协作解决某一问题，或者让应试者轮流担任领导主持会议、发表演说等。银行面试大多属于这种形式。

3. 压力性面试与非压力性面试

根据面试目的的不同，可以将面试区分为压力性面试和非压力性面试。压力性面试是将应考者置于一种人为的紧张气氛中，让应考者接受诸如挑衅性的、非议性的、刁难性的刺激，以考查其应变能力、压力承受能力、情绪稳定性等。非压力性面试是在没有压力的情景下，考查应考者有关方面的素质。

4. 一次性面试与分阶段面试

根据面试的进程来分，可以将面试分为一次性面试和分阶段面试。所谓一次性面试，指用人单位对应试者的面试集中于一次进行。应试者是否能面试过关，甚至是否被最终录用，就取决于这一次面试表现。所谓分阶段面试又可分为两种类型，一种叫依序面试，一种叫逐步面试。依序面试一般分为初试、复试与综合评定三步，初试的目的在于从众多应试者中筛选出较好的人选。初试合格者则进入复试，复试一般由用人部门主管主持，以考查应试者的专业知识和业务技能为主，衡量应试者对拟任工作岗位是否合适。复试结束后再由人事部门会同用人部门综合评定每位应试者的成绩，确定最终合格人选。逐步面试，一般是由用人单位的主管领导、处（科）长及一般工作人员组成面试小组，按照小组成员的层次由低到高的顺序，依次对应试者进行面试。

5. 常规面试、情景面试与综合性面试

根据面试内容设计的重点不同,可将面试分为常规面试、情景面试和综合性面试。所谓常规面试,就是主考官和应试者面对面以问答形式为主的面试。情景面试,突破了常规面试中考官和应试者那种一问一答的模式,引入了无领导小组讨论、公文处理、角色扮演、演讲、答辩、案例分析等人员甄选中的情景模拟方法。综合性面试兼有前两种面试的特点,而且面试的内容主要集中在与工作职位相关的知识技能和其他素质上。

二、面试前的准备——角色模拟

1. 面试前进行有效准备

(1) 充分了解招聘单位。对用人单位的性质、地址、业务范围、经营业绩、发展前景,以及对应聘岗位职务及所需的专业知识和技能等要有一个全面的了解。单位的性质不同,对求职者面试的侧重点也就不同。

(2) 尽量使自己的能力与用人单位工作的要求相符合。"知己知彼,百战不殆。"求职者面试前应对自己的能力、特长、个性、兴趣、爱好、长短处、人生目标、择业倾向有清醒的认识,认真阅读自己所搜集到的所有信息并牢记它们,尽量使自己的能力与工作要求相适应。参加面试时,通过显示自己对知识的掌握和理解来表达自己希望获得这一工作的愿望。

(3) 模拟可能询问的角色问题。面试前不经过角色模拟,便无法达到最佳的效果。负责招聘的人事主管提出,求职者应当乐意提问题,这样招聘者才能知道求职者的水准及想了解的问题。

(4) 对可能遇到的问题进行准备。这项准备有助于厘清自己真正的想法,有助于在面试的现场清晰地自我表达。

(5) 练习处理对面试不利的事情。即使曾有一些不愉快的受挫经历,即使自己曾经犯过错,也可作为一段可供学习的经验加以陈述。务必用积极的事情抵消消极的事情,最好不要说有损自己形象的话。

2. 进行自我认知

要自信地应对面试,首先要对自己有清楚的认识。

(1) 写出几件自己认为可以称得上成功的事情,并逐一分析这些成就,列出你最主要的几项技能。

(2) 同一件事情,各人有各人的处理方式,这取决于每个人的个性。为弄清自己的个性,可以通过分析成就,用一些形容词来归纳自己的性格。

(3) 确定与你的个性、兴趣相符的工作环境。工作环境不仅指具体的环境,更重要的是工作单位的文化背景。

3. 心理准备

面试好比是一场考试,在测试每个人的能力,也在测试每个人的心理素质和临场发挥。因此,想要面试成功,首先,要充满信心,"天高任鸟飞,海阔凭鱼跃",保持平静的心态,会大有好处;其次,充满热情地投入准备工作中,冷静地审视自己,考虑怎样才能发挥出自己的优势,弥补自己的不足,并为此做一些细致耐心的努力。

4. 业务知识准备

熟知与应聘岗位相关的专业知识、业务技能,备上一份求职材料,供招聘者查阅参考。准备当天可能用到的个人资料或作品,携带相关证件,以便在面试过程中进一步向招聘者提供自己的相关资料。应聘跨国公司或知名企业，还应有用外语流利应答的充分准备。

5. 仪态仪表准备

面试前要保证充足的睡眠和愉快的心情，以保持良好的精神状态。面试前还应注意修饰自己的仪表，使穿着打扮与年龄、身份、个性等相协调，与应聘的职业岗位相一致。

三、成功面试的原则——愿望、敬业和团队

要成功面试，需要掌握以下原则：

（1）应聘者是公司的宝贵资源。应聘者需要传递给企业这样的信息：你拥有帮助企业实现预期目标的潜在能力，是公司的宝贵资产而非包袱。

（2）明确的人生目标。具有积极的自我成长信念、努力进取并充满旺盛的事业心与斗志、能迅速进入工作状态的人更易为企业赏识和任用。

（3）强烈的工作意愿。面试时要随时保持对工作的高度热忱与兴趣。

【职场小故事】

王小姐找工作的困惑

王小姐学的是电子商务专业，找起工作来针对性不强。她的求职方式是大量投简历。她已经面试过很多企业，但即使对于面试成功的企业，王小姐的内心也没有那种马上就去工作的动力，总觉得后面会有更好的机会面对挑战。曾经做过三个月清闲的网站编辑工作的王小姐对于将来要从事的职业还是有过一定的思考的，曾经考虑过从事编辑、外贸等行业，但最终还是认为自己更愿意从事有挑战性的、与人打交道的工作，其实她想去做一名销售。她也曾碰到过让她特别感兴趣的面试——某国企IT销售岗位。据了解，在最后的面试中，销售经理问了两个问题："为什么到上海来"和"你的家庭情况怎样"。她的回答是："因为是知青子女，所以选择上海，再说亲戚也多"；"父母是国企职工，还没有退休"，等等。她坦言特别看重企业文化：没有太大的压力，不急功近利，可以对个人进行长期培养。

（4）团体合作。一个容易与人沟通协调的求职者可以说已有一半成功的希望。如果你曾有社团活动的工作经验，可尽量举例说明，以争取主考官的青睐。

（5）诚恳原则。在录用标准上，"才能"是永恒不变的第一原则，"诚恳"则是重要的辅助因素。面试前准备充分、心情镇定、仪容大方整洁、临场充分表现自我，便是最好的表现。

四、面试交谈技巧——决定成败

掌握面试交谈技巧可以遵循以下几个步骤：

行动步骤一：注意答问技巧

（1）把握重点，条理清楚。一般情况下回答问题要结论在先，议论在后，先将中心意思表达清楚，然后再作叙述。

（2）讲清原委，避免抽象。招聘者提问是想了解求职者的具体情况，切不可简单地仅以"是"或"否"作答，有的需要解释原因，有的则需要说明程度。

（3）确认提问，切忌答非所问。面试中，招聘者提出的问题过大，以致不知从何答起，或求职者对问题的意思不明白是常有的事。"你问的是不是这样一个问题……"将问题复述

一遍，确认其内容，才会有的放矢，不至于南辕北辙、答非所问。

（4）讲完事实以后适时沉默。保持最佳状态，好好思考你的回答。

（5）冷静对待，宠辱不惊。招聘者中不乏刁钻古怪之人，可能故意挑衅，令人难堪。这不是"不怀好意"，而是一种战术提问，让你不明其意。故意提出不礼貌或令人难堪的问题，其意在于"重创"应试者，考查你的适应性和应变性。你若反唇相讥，恶语相对，就大错特错了。

（6）要知之为知之，不知为不知。面试中常会遇到一些不熟悉、曾经熟悉现在忘了或根本不懂的问题。面临这种情况，回避问题是失策，牵强附会更是拙劣，诚恳坦率地承认自己的不足之处，反倒会赢得招聘者的信任和好感。

行动步骤二：注意提问技巧

面试时若招聘者问你有没有问题，你可以适当问一些问题，并且应该把提问的重点放在招聘者的需求以及你如何能满足这些需求上。通过提问的方式进行自我推销是十分有效的，所提问题必须是紧扣工作任务、紧扣职责。你可以询问诸如以下的问题：应聘职位所涉及的责任及所面临的挑战；在这一职位上应该取得怎样的成果；该职位与所属部门的关系及部门与公司的关系；该职位具有代表性的工作任务是什么。当然也要注意不要问一些通过事先了解能够获得的有关公司的信息，这会让人对你的面试目的是否明确表示怀疑，也不能一开始就轻易问及薪水及福利方面的问题。

行动步骤三：注意谈话技巧

（1）谈话应顺其自然。不要误解话题，不要过于固执，不要独占话题，不要插话，不要说奉承话，不要浪费口舌。

（2）留意对方反应。交谈中很重要的一点是把握谈话的气氛和时机，这就需要随时注意观察对方的反应。如果对方的眼神或表情显示对你所涉及的某个话题已失去了兴趣，应该尽快找一两句话将话题收住。

（3）有良好的语言习惯。不仅要表达流利、用词得当，同样重要的还有说话方式，如发音清晰、语调得体、声音自然、音量适中、语速适宜等。

行动步骤四：注意交谈心

作为应届毕业生初次参加招聘，如何摆正自己的心态在很大程度上关系着招聘的成败。

（1）展示真实的自己。面试时切忌伪装和掩饰，一定要展现自己的实力。有些毕业生在面试时故意把自己塑造一番，比如明明很内向，不善言谈，面试时却拼命表现得很外向、健谈。这样很难逃过有经验招聘者的眼睛，也不利于自身的应聘。

（2）以平等的心态面对招聘者。面试时如果能够以平等的心态对待招聘者，就能够避免紧张情绪。特别是在回答案例分析问题时，一定要抱着我是在和招聘者一起讨论这个问题的心态，而不是觉得他在考自己，这样就会做出很多精彩的论述。

（3）态度要坦诚。招聘者一般都认为做人优于做事。所以，面试时求职者一定要诚实地回答问题。一位企业的人事主管说，以前曾经面试过一个女孩，面试时她说自己有男友，进入公司后又说没有男友。问她原因，她说曾在一些书里看到，如果说有男朋友就会给人稳重、有责任感的印象。实际上，这样做非常不好，面试时的欺骗行为是不利于以后发展的。

行动步骤五：把握交谈原则

应聘者与招聘者交谈应该把握以下"四个度"原则：

（1）体现高度，在交谈中展示自己的水平。一方面是政治思想水平和强烈的敬业精神，一方面是专业水平。对问题回答不能满足于"知其然",还要答出"所以然"。

(2) 增强诚信度,在交谈中展示自己的真诚。首先,态度要诚恳,交谈不要心不在焉;其次,表达要准,少用"可能""也许""大概"等模棱两可的词语;最后,内容要真实,尤其对于自己的优缺点要一分为二,实事求是。

(3) 表现风度,在交谈中展示自己的气质。一方面要体现自身的外在美,另一方面更要体现内在气质。言语是一个人内在气质、涵养的外在体现,要注意用自己的语言魅力展示自己。

(4) 保持热度,在交谈中展示自己的热情。要注意做到精神饱满,用心聆听。

行动步骤六:注意面试结束技巧

(1) 适时告辞。面试不是闲聊,也不是谈判。从某种意义上讲,面试是陌生人之间的沟通。谈话时间的长短要视面试内容而定。招聘者认为该结束面试时,往往会说一些暗示的话语,如"我很感激你对我们公司这项工作的关注""谢谢你对我们招聘工作的关心,我们一旦做出决定就会立即通知你"。求职者听了诸如此类的暗示语之后,就应该主动告辞。

(2) 礼貌再见。面试结束时的礼节也是公司考查录用的一个砝码。首先,不要在招聘者结束谈话前表现出浮躁不安、急欲离去的样子。其次,告辞时应感谢对方花时间同你面谈。走时,如果有秘书或接待员接待过你或招待过你,也应向他们致谢告辞。

行动步骤七:注意面试禁忌

(1) 忌好高骛远,不切实际。眼高手低,站在这山望着那山高是求职之大忌。找一份理想的职业是每个求职者的愿望,无可厚非。但美好的愿望应根植于自身素质和客观现实,审时度势,准确定位是求职成功的关键所在。

(2) 忌妄自菲薄,患得患失。招聘单位所聘岗位和专业很可能与自己所学专业或原先从事的职业不同,这时你切不可把自己禁锢于原有小天地中守株待兔。只有增强自信,勇于挑战和超越自我,及时调整自我心态,适应周围环境,才能到达成功的彼岸。

(3) 忌盲目应试。要分清单位的性质和对求职者的要求,如果没有任何准备就去进行公务员或教育岗位的面试,一般不会成功。

行动步骤八:面试结束后的注意事项

1. 回顾总结

(1) 面试一结束,应该对自己在面试时遇到的难题进行回顾。重新考虑一下当他们再一次向你提问时该如何更好地回答这些问题。

(2) 尽量把你参加面试的所有细节记下,一定要记下面试时与你交谈的人的名字和职位。

(3) 万一通知你落选了,你也应该虚心地向招聘者请教你有哪些欠缺,以便今后改进。这样,就可以知道自己到底为什么落选。一般来说,能得到这样的反馈不容易,你应该好好抓住时机。

2. 面试后致谢

(1) 在面试后的一两天内,你可以给某个具体负责人写一封短信。在信里应该感谢他为你所花费的精力和时间,感谢他为你提供的各种信息。

(2) 如果在一个星期内,或者依据他们做决策所需的一段合理时间之内没有得到任何音讯,你可以给负责人打个电话,问他"是否已经做出决定",这个电话可以表示出你的兴趣和热情,还可以从他的口气中听出你是否有希望得到那份工作。

(3) 如果在打听情况时觉察出自己有希望被录用,但最后决定尚未做出,那你过一段时间后再打一次电话催问。

（4）每次打电话后，还应该给对方寄封信。哪怕他们已经暗示你可能落选了，寄一封短信说明即使没有成功但也很高兴有面试机会。这样做不仅仅是出于礼貌，而且还能使接见者在其公司出现另一个职位空缺时心里想着你，创造出一个潜在的求职机会。

要参加面试了，你都准备好了吗？

面试前	材料准备：
	形象准备：
	礼仪准备：
	一分钟自我介绍：

续表

面试中	面试中的注意事项：
	查找求职目标一经常遇到的面试问题，你应解答为：
	查找求职目标二经常遇到的面试问题，你应解答为：
	查找求职目标三经常遇到的面试问题，你应解答为：

续表

	五件事	目的
面试后	1.	
	2.	
	3.	
	4.	
	5.	

（三）反思总结

和同学们一起体验一下，只有参与其中才能知道自己有哪些不足，找到弥补的办法。
活动：模拟面试。
模拟面试流程：

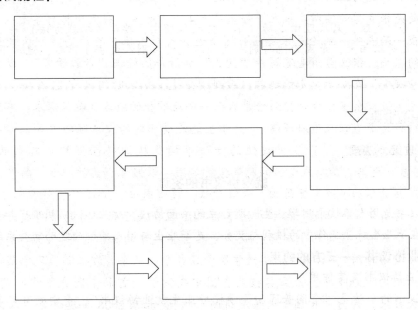

活动总结：

自我评价：
同学评价：
老师评价：

> **格言导航：**
>
> 大多数人想要改造这个世界，却罕有人想改造自己。
>
> 积极的人在每一次忧患中都会看到一个机会，而消极的人则在每个机会都看到某种忧患。
>
> 莫找借口失败，只找理由成功（不为失败找理由，要为成功找方法）。
>
> 伟人之所以伟大，是因为他与别人共处逆境时，别人失去了信心，他却下定决心实现自己的目标。

（四）职前宝典

1. 就业政策、法规

就业协议书的签订

就业协议书是用人单位录用毕业生时所订立的书面协议，就业协议书明确了毕业生、用人单位、学校在毕业生就业工作中的权利与义务，是毕业生与用人单位确定劳动关系的依据。

一、就业协议书——三方的约束

（1）就业协议书及其作用

就业协议书的全称是"全国普通高等学校毕业生就业协议书"，是由教育部高校学生司统一制定的。根据国家规定，在达成就业意向后，毕业生、用人单位、学校三方必须签订《全国普通高等学校毕业生就业协议书》，所以《全国普通高等学校毕业生就业协议书》俗称"三方协议"，经毕业生、用人单位、学校三方签署后生效。

就业协议书具有一定的权威性，是学校制定就业方案、派遣毕业生，用人单位接收毕业生、接收人事档案的主要依据，对签约的三方都有约束力，所以毕业生就业时，一定要签订就业协议书。协议书一经签订，协议各方须严格履行协议内容，毕业生要保证自己能正常毕业，按时到单位报到；用人单位要按照合法的用人程序接收毕业生，接转毕业生的人事档案；学校要按照规定程序派遣毕业生。

就业协议书是高校毕业生与用人单位建立劳动关系的法律依据，就业协议书一经签订就具有法律约束力。因此，毕业生在签订就业协议时，一定要遵循主体合法的原则和平等协商的原则，认真思考，理智签约。

（2）签订就业协议书的程序

为了保障毕业生和用人单位的合法权益，国家和各省市教育主管部门都制定了签订就业协议书的相关程序。严格按照规定程序签约，有利于保护毕业生和用人单位的合法权益，避免一方在另一方不知情的情况下，增加有损于对方权益的其他条款和内容。一般来说，应当严格按照以下程序签订就业协议书：毕业生与用人单位在协议书上签字盖章；报用人单位上级主管部门批准盖章；毕业生将"就业协议书"交所在学院（研究院）签署意见并盖章；毕业生到学校就业部门最终签署就业协议，协议生效；学校签署完就业协议书之后，学校就业部门、用人单位、毕业生本人各留一份，学校以此为依据编制就业方案并开具报到证。

就业协议书由学校最后签署，这既是规定程序，也是对毕业生利益的保护。学校最后签署协议书，既可以给毕业生把关，也给了大家一个思考的时间。如果学校把盖完章的协议书交给同学们，一旦单位存在欺诈等行为，学校也无能为力，最终受害的还是毕业生本人。

毕业生派遣与报到须知

毕业生在顺利完成学业、获得毕业证书后，凡是在就业方案中就业去向为"派出"的，无论是否与用人单位签订协议书，都要在规定的时间内前往接收单位报到。一般每年的7月中旬至10月中旬为毕业生报到期。

报到证及其作用——"正规军"的标志

报到证的全称是"全国普通高等学校毕业生就业报到证"，是列入国家统一招生计划内大中专毕业生的重要标志，由国家教育部直接印刷，省级高校毕业生就业管理部门单独签发。用人单位以报到证为依据，接收安排毕业生工作，并接转毕业生的档案、户口等。报到证只能一人一份，由其他部门印制或签发的报到证无效。毕业生对报到证要妥善保管，无论什么原因，凡自行涂改、撕毁的报到证一律作废。其作用主要有以下几点：是教育主管部门派遣毕业生的凭证；是毕业生到用人单位报到的凭证；是用人单位接收毕业生的重要证明；是任何一个合法的人才中心、档案管理机构接收毕业生档案的证明；是用人单位接受毕业生人事档案的重要凭证和依据；是毕业生的干部身份证明和工龄计算起始依据；凭报到证办理户口落户手续。如果没有报到证，毕业生将失去干部身份，人才中心无法接收毕业生人事档案。就业报到证对于毕业生以后进入国家机关、事业单位、国有企业单位、申请出国留学等方面具有重要的作用。报到证只能在全日制本专科毕业生毕业时规定的时限内获得，一旦错过不能补办。获得报到证后，毕业生的档案可以进入国家人事干部管理系列，否则只能进入劳动力市场，人才中心无法接收毕业生的档案。

二、报到所需要的材料——一个都不能少

1. 报到证

上文中已有对报到证的详细介绍，此处不再赘述。

2. 毕业证和学位证

自主择业的毕业生由毕业生本人携带毕业证和学位证。委培、定向毕业生的毕业证和学位证由学校相关部门放在毕业生档案中寄送至委培、定向单位人事主管部门。

3. 户口关系

自主择业的毕业生本人在学校主管部门办理户口迁移手续后，由自己携带，并到接收单位办理转入关系的手续。委培、定向毕业生的户口关系由学校相关部门放在毕业生档案中寄送至委培、定向单位人事主管部门。

今后，随着入学时对户口迁移限制的取消，可能部分毕业生在毕业时不再需要转移户口关系。

4. 党团组织关系转移手续

组织关系是指党员对党的基层组织的隶属关系。党员组织关系介绍信是党员变动组织隶属关系的唯一凭证。党员在离校前，必须将组织关系转离学校（继续留在学校工作或学习者除外），且每人只能开具一份组织关系介绍信。组织关系介绍信由毕业生党员本人携带，在有效期内（介绍信左下角注明的时间）及时转到介绍信抬头指定的党组织接收。

凡已落实了工作单位的毕业生党员，应将党员组织关系及时转移到所去单位党组织；尚未落实工作单位的，可将党员组织关系转移到本人或父母居住地的街道、乡镇党组织，也可随同档案转移到县以上政府人事（劳动）部门所属的人才（劳动）服务机构党组织。

如所去单位未建立党组织，应将其党员组织关系转移到单位所在地的社区党组织，也可以转移到行业主管部门（或代管单位）党组织，或转移到县以上政府人事（劳动）部门所属的人才（劳动）服务机构党组织。

已办理正常转接手续的党员同学，要将介绍信回执邮寄或传真至毕业院校的党委组织部。接转组织关系后，党员应参加接收地基层党组织的各项组织生活，按时交纳党费。

5. 就业协议书

就业协议书是与具体单位签约、毕业生落户的必要材料，并且越来越多的用人单位和就业主管部门要求毕业生报到时携带就业协议书，以便核对。

三、报到前后应注意的事项——核查报到证和档案

1. 认真检查、核对报到证的相关内容

领取报到证后，要认真检查、核对以下内容：姓名、性别、专业、学历、修业年限等是否正确；明确报到单位、地址，报到单位名称位于报到证左上角，报到地址位于报到证右中部；注意报到时间和期限，位于报到地址下方；留意"备注"栏内是否有内容、是否与自己的情况一致；记住报到证的印刷号码（位于正面下方）和序列号码（备注栏下方，为手写或机打），以便在报到证丢失后办理挂失、补办手续。

要妥善保管报到证，不论什么原因，凡自行涂改、损坏的报到证一律作废。如有遗失、损坏，应及时向签发部门说明情况，提出补发申请。

2. 要在规定时间和期限内报到

到用人单位或就业主管部门报到的具体时间和期限，不能单纯依据报到证上的时间规定，还要主动和报到单位取得联系，明确他们对报到时间和期限的要求，如果由于不可抗拒的原因不能按时报到，要及时向报到单位说明和请假，否则，就有可能发生用人单位拒绝接收的后果。

另外，还要注意户口关系、党团关系等的有效期，它们的时效往往是不一样的。

3. 及时向单位的人事部门查询自己的档案

目前，高校毕业生的档案均不得由毕业生本人携带，而是由毕业生档案管理部门（学生处学生档案科）进行认真审核。在毕业生离校后，在主管部门规定的期限内，以机要文件的形式统一寄送到毕业生工作单位所归属的人事档案管理部门。

因此，毕业生在报到上岗后，应及时向单位的人事部门查询自己的档案是否已经寄到。如在规定时间内仍未收到自己的档案，要及时与学校毕业生就业机构或报到地就业主管部门联系，查询自己档案的去向。

当你知道有哪些就业政策对自己有利的时候，你一定会有更好的选择。步入职场，要学会用法律来保护自己，关注我国《劳动合同法》，学会运用法律武器来保护自己。

你收集到了哪些就业政策？

(1) _____

(2) _____

(3) _____

(4) _____

(5) _____

(6) _____

我国《劳动合同法》重要法条一起学：

第七条：_____
_____

第八条：_____
_____

第九条：_____
_____

第十条：_____
_____

第十一条：_____
_____

第十四条：_____
_____

第十七条：_____
_____

第二十三条：_____
_____

第二十四条：_____
_____

第三十五条：_____
_____

第三十七条：_____
_____

第三十八条：_____
_____

第四十条：_____
_____

第四十一条：_____
_____

2. 就业政策一起学

（1）认识报到证。具体如下所示：

《全国普通高等学校本专科毕业生就业报到证》样张

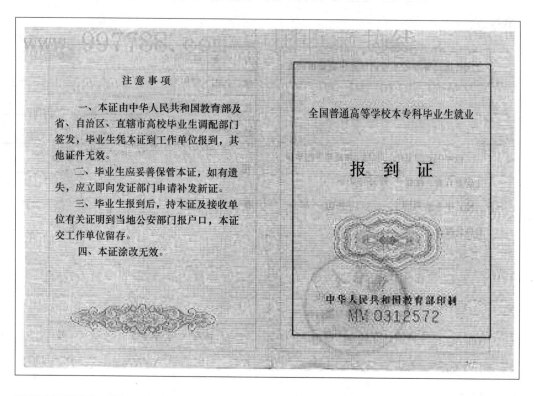

（2）报到证有何作用？报到证丢失怎么办？
_____
_____

（3）毕业生如何办理改派手续？
_____
_____

（4）你要去哪里办理改派手续？
_____
_____

（5）毕业生户口手续如何办理？
_____
_____

（6）组织关系如何转移？
_____
_____

党组织关系的转移：
负责部门：_____电话：_____地址：_____
省内落实工作和升学的如何办理？
_____
省内未落实工作的如何办理？
_____
省外落实工作和升学的如何办理？
_____
省外未落实工作的如何办理？
_____

团组织关系的转移：
负责部门：_____电话：_____地址：_____
如何办理团组织关系转接手续？
_____

如何办理团组织关系介绍信？
_____

（7）档案如何传递？
负责部门：_____ 电话：_____ 地址：_____
① 未落实就业单位的省内毕业生，其人事档案发往其生源地所在地的地级人事局。
② 未落实就业单位的外省生源毕业生，其人事档案发往其生源地所在地的省级毕分办。
③ 已签订就业协议书的毕业生，人事档案按照其协议书上的档案发往地址转递。
④ 升学毕业生人事档案按调函上的地址发往该地址转递。毕业生考取不转档案和户口的研究生的，由录取院校出具不转档案和户口的证明，本人写书面申请，可将毕业生档案发往其生源地毕业生就业主管部门，由毕业生在当地人才服务机构办理档案托管。

（8）你所处的地域，大学生创业有哪些优惠政策？
_____
_____

（9）要了解毕业生就业的政策规定，应该查阅哪些文件？可在哪里查阅？
_____
_____
_____

（10）你需要人事代理吗？
毕业生就业人事代理工作主要包括下列几个方面：
① _____
② _____
③ _____
④ _____
⑤ _____
⑥ _____

人事代理的好处有下列几点：
① _____
② _____
③ _____

（11）什么是"三支一扶"政策？你所在的地区有哪些地方就业优惠政策？
_____
_____
_____

3. 关注就业、创业政策，查询有关就业和创业网址

例如，国家促进普通高校毕业生就业政策百问。

(1) _____
(2) _____
(3) _____
(4) _____
(5) _____
(6) _____
(7) _____
(8) _____

求职前想一想，你还存在哪些方面的不足，询问同学、老师的意见。

不足	自我评价：	
	同学评价：	
	老师评价：	
求职目标是否需要调整	目标一：	
	目标二：	
	目标三：	

续表

调整原因及调整方向	

八、创业探索

（一）创业理由：自己给自己一个机会

一定要给自己一个实现理想的机会，才知道自己能做什么、能够成为什么样的人、能够做出多大的成绩。如果不试一试，机会永远是别人的。

创业者应具备的素质	不适合创业的性格特征
分析自己：	

续表

大学生创业存在的潜在风险：

（二）选择创业项目的途径

选择创业项目的途径示意如下：

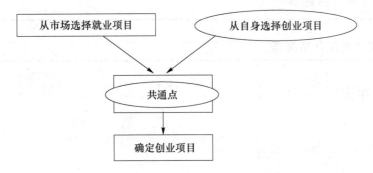

（三）制订创业计划书

项目名称	
项目概述	

续表

企业类型	☐生产制造业　☐零售　☐批发　☐服务　☐农业 ☐新型产业　☐传统产业　☐其他		
市场评估	顾客描述：		
	竞争对手	优势：
		劣势
	市场占有率		

想要创业要从现在开始准备：

搜集创业政策	
办理创业手续	
了解创业流程	

为自己制订一份创业能力培养计划：

创业能力	目　标	实施措施

大学生活即将结束，摆在你面前的创业与就业，你该如何选择？你距离创业的能力要求还有哪些欠缺？如何弥补？

_____
_____
_____
_____

与大三刚开始相比，你对创业有哪些更深刻的认识？通过进一步的自我认知、了解市场和行情，你的创业计划是否需要进行调整？

_____
_____
_____
_____

格言导航：

　　对所有创业者来说，永远告诉自己一句话：从创业的第一天起，你每天要面对的是困难和失败，而不是成功。我困难的时候还没有到，但那一天一定会到。困难是不能躲避的，也不能让别人替你去扛，任何困难都必须你自己去面对。

　　　　　　　　　　　　　　　　　　　　　　　　　　　——马云

　　一个人只要知道上哪里去，全世界都会给他让路。

　　　　　　　　　　　　　　　　　　　　　　　　　　　——爱默生

第六章 迎接未来

本章导读

"只有优异的成绩,却不懂得与人交往,是个寂寞的人;只有过人的智商,却不懂得控制情绪,是个危险的人;只有超人的推理,却不了解自己,是个迷惘的人。"这是《心理访谈》栏目中非常经典的一段话,启发在校大学生要学业与交往兼顾,智商与情商共赢,发展能力与自我认识并重。本章经典案例中讲述了名校大学生虐猫行为所折射出来的心理问题,引出大学生健康成才的话题。了解大学生应具有的健康观和成才观,影响大学生健康成才的因素有哪些,寻求健康成才的途径,是大学新生的重要一课。

经典案例

2005年11月底,复旦大学数学系2003级研究生张某(正在申请出国)被指以爱心为名在半年左右的时间里收养和购买了30多只小猫,可收养之后却残忍地虐待、遗弃或杀死它们,多只小猫下落不明。其中一只白色小猫一只眼睛被戳瞎,这张照片迅速在"宠物天空""猫扑"等网站流传,迅速引起社会的关注。愤怒的猫友联名给国外大学写投诉信,张某的出国事宜也不了了之。最终,这位学生在网上公开表示忏悔并在家人陪同下接受了心理治疗。有心理医生认为,这名学生初始养猫时也是出于喜爱,但因其理智并不成熟,所以当学习压力增大、心情烦躁时便采用了一种极不合适的宣泄渠道;也有心理专家认为,这些极端行为表面上看是由于学业压力、就业压力、情感纠葛等问题造成的,实质上都是由心理承受能力有限引起的。2006年1月23日和24日中央电视台《心理访谈》栏目也对此事进行了专门解读,最终归因于张某高期望的家庭成长环境、完美主义性格、情感与爱的缺失等。

无独有偶,时隔一年后,继复旦研究生张某虐猫事件后,2006年12月3日北大医学部又爆出一学生干部虐猫之事,这名学生在北大医学部图书馆内,当着百多名同学的面,将一只流浪小猫杀死。大学生虐猫的行为在引起人们震惊的同时,也不得不再次引起我们对于大学生如何才能健康成才的思考。

(选自:《心理访谈》)

第一节 阳光成长 健康成才

一、大学生的整体健康观

"健康"是人们生活中密切关注的热门话题,正如古希腊哲学家赫拉克利特所说:"如果没有健康,智慧就难以表现,文化就无从施展,力量就不能战斗,财富就变成废物,知识也无法利用。有了健康就有希望,有了希望就有一切。"健康是大学生学业有成就、事业成功、生活快乐的基础。

传统的健康观是"无病即健康",当今的医学模式已完成由生物医学模式向生物—心理—社会医学模式的转变,现代人的健康观是整体健康。1989年,世界卫生组织(WHO)对健康下了如下定义:"健康不仅是躯体没有疾病,还要具备心理健康、社会适应良好和有道德感。"四维健康观是指生理健康、心理健康、社会适应、道德健康。

20世纪80年代中期,苏联学者N. Berckman及后来的许多学者通过研究发现,人体除了健康状态(第一状态)和疾病状态(第二状态)之外,还存在着一种非健康非疾病的中间状态,故又有"次健康""第三状态""中间状态""游离(移)状态""灰色状态"等的称谓。以WHO四位一体的健康新概念为依据,亚健康可划分为:①躯体亚健康。主要表现为不明原因或排除疾病原因的体力疲劳、虚弱、周身不适、性功能下降和月经周期紊乱等。②心理亚健康。主要表现为不明原因的脑力疲劳、情感障碍、思维紊乱、恐慌、焦虑、自卑及神经质、冷漠、孤独、轻率,甚至产生自杀念头等。③社会适应性亚健康。突出表现为对工作、生活、学习等环境难以适应,对人际关系难以协调,即角色错位和不适应。④道德方面的亚健康。主要表现为世界观、人生观和价值观上存在着明显的损人害己的偏差。据2002年4月8日"21世纪中国亚健康市场学术成果研讨会"提供的有关统计资料显示,我国约有15%的人是健康的,15%的人非健康,70%的人呈亚健康状态。亚健康已成为普遍的社会问题,王育学教授做过一个5万例的人群调查,亚健康的状态分布率达到56.18%,其中大多数为20~40岁的青壮年,他们中以白领、知识分子为主。大学生的亚健康问题也很突出,心理问题是亚健康的重要原因。专家分析,心理健康标准的核心是:凡对一切有益于心理健康的事件或活动做出积极反应的人,其心理便是健康的。心理学界认为,完全符合心理健康标准的人是不存在的,心理健康永远是人们努力的方向。

二、大学生的多元成才观

在《现代汉语词典》中,"才能"解释为知识和能力,"成才"解释为成为有才能的人。古人的成才多指向"金榜题名";而当今社会,物质和精神文明的进步、人们的需求和评价标准日趋多元、就业方式和就业岗位日益多样、市场经济下社会对人的要求也不断更新,"考上大学、攻博士学位、出国留学"这些传统的标准已不是成才的唯一标准。那么,什么是成才、怎样才能成才,确实是这个时代新的命题。中国当代社会,已从学历社会、身份社会走向能力社会,成才的类型也出现多元化趋势。

(一)自学成才

相关链接

清华厨师的自学成才奋斗故事

张立勇出生在江西赣南山区的一个小山村,家境比较贫困,考取大学曾是张立勇的最大梦想，但是家境贫困使他不得不高中辍学。1993年，年轻的张立勇来到广州工作，挑起了养家的重任。在广州找工作时，张立勇遇到了用工单位提出"通过英语四级、六级，得交中英文简历"的诸多要求，他开始意识到英语的重要。但是因为缺乏学习氛围，张立勇最终离开了夜生活丰富的广州。1996年6月，不想浪费自己时间的他经过亲戚介绍，来到清华大学食堂工作。这对他而言，是一个可以边工作边学习的好地方。清华大学校内一间4平方米的小屋就是张立勇的住所。张立勇每天早上4点多起床，每天坚持自学七八个小时，有时候学到深夜一两点钟。无论是寒冬腊月还是酷暑炎夏，他对英语的学习从来都没有中断过。在自己的床头，张立勇用毛笔写着"克己"和清华的校训"行胜于言"，以告诫自己不许偷懒。食堂规定，在给学生卖饭之前，厨师们先吃，吃饭时间只有15分钟，结果张立勇在7分钟就吃完饭，余下8分钟躲到食堂后面一个放碗柜的地方背英语课本，有很多同事觉得张立勇这种行为简直让人难以理解。"大学生能通过正规的、系统的方式来学习英语，而我只有通过自己的渠道。"张立勇说他的英语单词是从调料包里积累起来的，如sugar（糖）、salt（盐）之类，然后在卖饭的时候操练英语，以锻炼自己的胆量。为了检验自己的学习成果，张立勇参加了国家英语四、六级考试，获得通过。2001年，他参加了托福考试，获得了630分的高分。一时间，在水木清华的BBS上，关于张立勇的话题成为热点，张立勇也终于从一个名不见经传的小厨师，成了一名自学成才的杰出青年。2004年7月，张立勇出版自传《英语神厨》，后来在清华大学饮食服务中心从事行政工作，现已获得北京大学国际贸易专业文凭。2004年，张立勇被共青团中央授予"首届中国青年学习成才奖"；同年，被《人民日报》评为"中国十大年度新闻人物"；北京2008年奥运会"人文奥运"——北京市民说英语项目特约顾问。

学会自学是一生的本事。案例中的张立勇凭着对梦想的追求，坚持不懈地自学，成就了自己的人生。对于在校大学生而言，不会有老师的督促，不会有父母们的监管，更多的是自我管理。学会自学成为每个大学生必须学会的一门无形课程。自学是良好、高效的学习形式，而善于自学对一个人的成才有决定性的作用，许多有成就的名人和伟人都是靠自学成才的，如张海迪、华罗庚等。我国著名的物理学家钱伟长教授曾经说过："一个人在大学四年里，能不能养成自学的习惯，学会自学的本领，不但在很大程度上决定着他能否学会大学的课程，把知识真正学懂学活，而且影响到大学毕业以后能否不断地吸取新的知识，进行创造性的工作，为国家做出更大贡献。"

时代要求大学生学会自学，同时，时代给大学生提供了前所未有的自学条件。不能用老眼光来看待自学。在今天，自学不再是只能靠自己埋头苦学，抱着几本教材自己去啃，而是根据自己的目标确定学习内容，安排学习计划，选择、利用各种高新技术——电视、网络、多媒体等来进行自主、自觉的学习。

在当今这个知识爆炸的时代，学会自学更加重要。西方目前流行这样一条"知识折旧"定律："一年不学习，你所拥有的全部知识就会折旧80%。"任何一个人在学校求学阶段所获得的知识，不过是他一生所需的10%，甚至还不到10%，其他90%以上的知识则必须在离开学校之后的自学中不断获取。当今的时代已经成为终身学习的时代。只有培养了自学精神、自学能力，才能够真正实现终身学习，否则终身学习只能是一张永远不能兑现的空头支票。

（二）创业成才

相关链接

大学里的百万富翁

潘文伟，1987年8月出生，贵州省雷山县丹江镇人。2007年以雷山县高考理科总分第一名的成绩考入中山大学。2007年，潘文伟以贵州省雷山县理科状元的身份来到中大读书，这个从大山里走出的孩子刚到广州的时候，发现身边所有的一切事物都需要钱来维持。2007年10月，潘文伟拿到了中山大学仲明助学金，而后他有幸见到了这个基金的创始人——当时中国大陆的富豪杨国强。听到杨国强在台上讲述坎坷的创业之路，潘文伟受到很大的触动。不久，潘文伟接下了一个很多同学都认为既费力又不挣钱的工作——推销银行信用卡。随后，他又拿下了学校两个院服制作的业务。在进入大学不过两年时间，他已经拥有了十几个人的创业团队和百万元身价。2009年1月，他成立广州艾若企业管理咨询有限公司，注册资本50万元。2010年5月，他加入半坡网络科技有限公司，担任CEO，与2位合伙人创立了5151团购网站。创业动力：如果你了解父母的艰辛，你的成长就会比较快。

（来源：《心理访谈》，2009年，第219期）

大学生这一群体年轻、有朝气，对未来充满希望。大学生创业群体主要由在校大学生和毕业生组成，具有高知识、高学历的特点，通过创业形式实现就业，提高自己的能力，增长经验，学以致用；通过成功创业，实现自己的理想，证明自己的价值，成就一番事业。目前，大学生创业逐渐被社会所承认和接受，为支持大学生创业，国家各级政府出台了许多优惠政策，涉及融资、开业、税收、创业、培训、创业指导等诸多方面。但我国大学生的创业率并不高，根据上海市团委2008年提供的数据，当前中国大学生创业成功率平均为2%，这一数字与美国的大学生创业成功率20%有整整10倍的差距。究其原因，大学生有创业热情，但由于经验欠缺、能力不足、意识偏差等，创业成功率明显偏低。有志于创业的大学生，一定要先拥有"心理资本"，即做好充足的心理准备。

（三）基层服务成才

相关链接

首届十佳大学生"村干部"柳波的成才之路

"放心吧，焦书记！"三年前，他站在焦裕禄亲手栽的梧桐树下这样说。三年来，在他的努力下，村小学十多年的积水问题得到了彻底解决，他帮助群众搞饲养调种、兴办企业，村里的经济得到了大发展，"乱村"成了市级"生态文明村"、县级"信用村"。他，就是河南省兰考县老韩陵村党支书——大学生"村干部"柳波。

2006年，柳波在郑州大学获硕士学位后，顶着家庭压力成了兰考县第一位研究生"村干部"。"一个二十多岁的小毛孩，能当好咱村的支书？"不少村民有这样的疑惑。通过走访群众，柳波了解到，"路"是村里急需解决的一个"老大难"。

新庄是老韩陵三个自然村之一，其他两个庄早就通了水泥路，唯独新庄一直没修。为此，柳波往兰考县发改委跑了十几趟，终于争取到了修路项目。听说村里要修路，新庄村民奔走相告，男女老少齐上阵，仅用了三天，路基用土就全部备齐了。

2007年7月3日，900多米的柏油路修通了，柳波也得到了大伙的信任。老韩陵村基础设施建设薄弱，村内一台变压器坏了多年因无钱维修，导致农田灌溉无电可用，群众反映十分强烈。经济并不宽裕的柳波毫不犹豫地从自己家中拿出2 500元，又是买配件，又是来回跑电业局，终于把变压器修好，解决了群众"用电难"的问题。

俗话说"新官上任三把火"，柳波的第三把火更是"烧"到了群众的心坎里。村小学地势低，一下大雨，水就漫到膝盖，校园成了烂泥塘，娃娃们就是在这样的环境中勉强支撑着。柳波当时工资仅680元，但他带头捐出500元修整学校，党员们积极响应，一共捐了6 000多元。柳波又争取到教育局支持，将学校彻底修缮一新。

柳波有个特殊的记事本，上边记载着他在走访调查中了解到的每家每户的困难，一条一条他都想尽办法去解决：为年迈体弱的村民肖李氏办理低保，照顾其日常生活，还承担起两个孩子上学的日常费用；多次开导、鼓励因车祸失去左臂的三组特困户肖金来，把家中唯一的电脑送来，手把手地教他学电脑，使其通过网络做起了家犬、肉兔的中介生意，半年来已获纯利润6万多元；动员村民张顺周扩大其板材加工厂规模，并为他牵线搭桥联系贷款100多万元，销售额发展到1 000多万元……

"与当年焦裕禄书记面临的风沙盐碱和社会大背景相比，作为'80后'，我们的成长条件是很优越的。我选择了大学生'村干部'这条道路，在农村这块广阔天地上实现了自身的人生价值。"如今已是团县委书记，但还身兼老韩陵村支部书记的柳波动情地说，"我愿意把自己的青春奉献给祖国最需要的基层，为祖国的繁荣富强贡献自己的力量。"

国家每年都鼓励大学生到基层服务，制定了代偿助学贷款，考研究生、考公务员优先录用等一系列的优惠政策，引导和鼓励高校毕业生面向基层就业。大学生到城乡基层服务，一方面改善了基层的知识结构，提高了基层的知识水平，直接给基层带来了先进的文化知识和思维理念以及实用的科学技术，有利于促进城乡基层的经济和社会发展；另一方面，大学生到基层也能够缓解大学生目前的就业压力，给他们提供一个实践自己人生价值的广阔舞台。

从2008年开始，中央组织部等部门决定用5年时间选聘10万名高校毕业生到基层乡村任职。一批批高校毕业生通过公开招聘的形式成为农村党支部或村委会负责人，人们把他们称为"大学生村干部"。全国大学生村干部"忽如一夜春风来，千树万树梨花开"，至今已有10多万人。他们用新的知识和理念，用自己的聪明才智，通过自己的艰苦努力，在农村大显身手，成为农村致富的领头雁，柳波、何世春、叶菲、靳利现、戈新化等都是大学生村干部中的佼佼者。新农村建设需要人才，大学生村干部里一些成就事业者的出现，必将会对大学生传统的就业和成才观念形成冲击。大学生服务于基层，成为实现自己价值的另一种方式。

三、大学生健康与成才的关系

古今中外，大凡有作为和有成就的人才，无一不具有良好的心理素质。与之相反，一些才华横溢、博学多识的人才，由于心理素质不完善而一事无成。一个人要有所成就，对社会有所贡献,身体健康是前提,心理健康是基础。具有正常的智力、积极的情绪、适度的情感、和谐的人际关系、良好的人格品质、坚强的意志和成熟的心理行为,是人才成长不可缺少的条件。

1. 心理健康可以使大学生克服依赖心理,增强独立性

大学生经过努力的拼搏和激烈的竞争,告别了中学时代,跨入了大学,进入了一个全新的生活天地。大学生必须从靠父母转向靠自己。上大学前,想象中的大学犹如"天堂"一般,浪漫奇特,美妙无比。上大学后,紧张的学习、严格的纪律,使他们难以适应。因此,大学生必须注重心理健康,尽快克服依赖性,增强独立性,积极主动适应大学生活,度过充实而有意义的大学生活。

2. 心理健康可以使大学生对自身有正确的定位,从而制定明确的前进目标

心理健康包括自我意识的成熟。大学时期是一个人成长发展的加速期。这是因为大学生面临和中学不同的环境,思想认识上会发生变化,更多地思索学习为了什么、将来想要从事什么样的工作、希望得到什么样的人生。在理想与现实的差距中,许多大学生已经迷失了自我,迷失了方向,不知道自己是谁,也不知道自己在做什么,其内心经历着种种自我评价与认知的矛盾和迷惘。自卑、自负、争强好胜、相互攀比、盲目竞争都是不恰当的自我定位。一个具有良好自我意识的大学生可以更全面、客观地评价自己,从而制定明确的前进目标。

3. 心理健康可以促进大学生全面发展

健康的心理品质是大学生全面发展的基本要求,也是将来走向社会,在工作岗位上发挥智力水平、积极从事社会活动和不断向更高层次发展的重要条件。大学生的个性心理特征,是指他们在心理上和行为上经常、稳定地表现出来的各种特征,通常表现为气质和性格两个主要方面。气质主要是指情绪反映的特征,性格除了气质所包含的特征外,还包括意志反映的特征。当代大学生的心理特征普遍表现为思想活跃、善于独立思考、参与意识较强、朝气蓬勃的精神状态等,这些有利于大学生的健康成长。充分认识德、智、体、美、劳等方面的和谐发展,是以健康的心理品质作为基础的,一个人心理健康状态直接影响和制约着全面发展的实现。

4. 心理健康是大学生取得事业成功的坚实心理基础

目前我国大学毕业生的分配工作已发生了很大变化,大学生都实行供需见面、双向选择、择优录用等方式。择业的竞争必然会使大学生心理上产生困惑和不安定感,惊叹"皇帝女儿亦愁嫁"。因此,面对新形势大学生要注意保持心理健康,培养自立、自强、自律的良好心理素质,锻炼自己的社会交往能力,使自己在变幻复杂的社会环境中,做出适宜自己角色的正确抉择,敢于面对困难、挫折与挑战,追求更加完美的人格,为事业成功奠定坚实的心理基础。

现代社会需要的是体力和智力协调发展、人格完善、才能卓越的人才。当今是人才竞争的时代,每一个大学生都应具备这种责任感和使命感,努力适应社会对人才的需求。大学生要立志成才,首先要具备较高的思想道德素质、科学文化素质、心理素质和身体健康素质,而身体健康素质是大学生成才的重要因素。健康是人类生存与发展的最基本条件,健康既属于个人,也属于整个社会、国家和民族。大学生的身心健康关系到自己的成就、理想和前途,也关系到社会的进步、国家的昌盛和民族的振兴。新世纪给大学生带来了新的挑战、新的竞争与机遇。只有对未来有明确的努力方向,脚踏实地不断进取,有理想和事业上的追求,才能促进自身健康地发展,为提高自己的综合素质打下良好的基础。

第二节　成长有路　成才有径

一、提倡大学生健康生活方式

世界卫生组织对于健康有一个基本的估算:健康有15%取决于遗传,10%取决于社会条件,8%取决于医疗条件,7%取决于自然环境,而60%取决于自己习惯的生活方式。

网络信息的发达和校园生活的多元化,使得当代大学生的生活方式丰富多彩,与此同时,也凸显出许多问题。大学生健康生活方式要从自我做起。"90后"的大学生精力充沛,喜欢追求时尚,给大家推荐一种很流行的生活方式——乐活。所谓乐活是一种快乐的生活方式。乐活族又称乐活生活、洛哈思主义。乐活,是一个从西方传来的新兴生活形态族群,由音译 LOHAS 而来,LOHAS 是英语 Lifestyles of Health and Sustainability 的缩写,意为以健康及自给自足的形态过生活,强调"健康、可持续的生活方式"。"乐活"是一种环保理念、一种文化内涵、一种时代产物。它是一种贴近生活本源,自然、健康、精致的生活态度。

二、关注自身心理健康

(一) 了解自身主要心理冲突

大学生正处在身心快速发展的时期,大学阶段是自我发展和成熟的关键时期,这个阶段,大学生会面临许多挑战,心中交织着许多矛盾,正处于迎接挑战和化解矛盾的过程中,在这个过程中,获得成长所需的充足养分,由单纯、幼稚走向成熟、完善。在大学时期,了解自身的主要心理冲突能为大学生活做好准备,为良好的心理素质打下基础。

大学生的主要心理冲突除了在成长中身体与心理之间的不适应外,还有来自与学校、家庭、社会等客观环境之间的冲突和不适应。

1. 学校环境带来的心理冲突

学校是大学生成长的重要环境,大学四年对每个大学生的影响是不同的:大一是过渡期,他们要实现从中学到大学的过渡,包括学习方法、学习态度、与教师的关系等方面的必要调整,不适应是大一学生的整体感觉,只是在时间和程度上会有个体差异;大二是特殊时期,也是大学生的"心理断乳期",他们基本适应了大学生活,但身心处于发展的高峰期,身心的变化会让他们出现很多困惑和不安,人际交往和恋爱情感问题往往在这一时期凸显;大三、大四时期,他们面临就业的压力和未来的发展问题,这一时期的心理压力也会通过各种各样甚至极端的方式表现出来。

2. 家庭环境带来的心理冲突

家庭和学校一样,也是大学生成长的重要环境。特别是学生进入大学后,一方面会感觉在时间和空间上都得到了较大的独立自由,高涨的成人感使他们希望自己独立;但另一方面由于生活阅历、经济上的依附和以前依赖形成的惰性影响,不可能完全真正独立,所以陷入了依赖家庭和独立生活的矛盾冲突之中，左右为难。

3. 社会环境带来的心理冲突

目前，我国正处于迅猛发展阶段，各种思潮的冲击使人们的思想、观念、心理、行为发生了一系列的变化：人们面临着传统观念的变革、价值体系坐标的选择；科技的发展使人们的生活、娱乐、交往方式悄然发生改变，人们面临着新的生活方式选择的问题；在自谋职业和多种渠道就业的新形势下，面对竞争激烈的人才市场，人们又面临着就业、生存、发展的压力。大学生正处于个性与观念的成熟期，能够敏锐地感受到这种变化的冲击。由于他们生理与心理的趋于成熟与缺乏社会生活经验的矛盾，使社会的变化在他们心中引起的反应也最强烈。一方面他们勇于接受这种变化，另一方面又对这种变化感到迷茫，难以适应。

（二）了解心理冲突的表现方式

大学生主要心理冲突的表现方式有：独立性与依赖性的矛盾、闭锁性与交往性的矛盾、理想与现实的矛盾等。

1. 独立性与依赖性的矛盾

由于大学是个延缓偿付期，大学生在经济上主要还依靠家庭，生活上缺乏真正的独立，学习上还缺乏自学能力，思想上还比较单纯，社会阅历和经验还不够，因而往往志大才疏、眼高手低，渴望得到具体帮助。这种依赖性最具体的表现就是等待心理，等待老师的关心和指导，等待同学的友谊之手，等待父母的经济支持等。

2. 闭锁性与交往性的矛盾

大学时期是大学生由不成熟向成熟转化的阶段，自我意识进一步加强，自尊心也特别强烈，注意力更多地转向内心世界，不再轻易表现和发泄自己的情感。这时心灵的自然流露减少，封闭性增强，给与他人的交流和相互了解增加了困难，也会感觉别人总是不理解自己，有许多思想感情不愿轻易向他人吐露。但是，归属的需要是人类最基本的需要之一，不仅需要有亲密交往的知己，能够敞开心扉、坦诚交谈，也需要加入一个团体以满足心理上的归属感。因此，闭锁性与强烈交往需要之间的矛盾也就油然而生了。

3. 理想与现实的矛盾

学生对自己的未来充满了信心和希望，由于他们对现实生活缺乏深刻的体验，因而他们的理想常常带有幻想乃至空想的色彩。刚刚迈进大学校园的学生，对所学专业、生活环境、人际关系等都有一个重新认识的过程，在认识过程中就会产生理想与现实的矛盾。

（三）融入大学生活，增强心理素质

大学是走上社会的桥梁，大学本身也是个小社会，大学生要在这个小社会里锻炼出走上真正的社会的能力和素质。大学四年是宝贵而短暂的，大学生应该好好珍惜大学这座平台，抓住大学里可能锻炼自己的每一次机会，主动融入大学生活，主动增强自身素质。

首先，尽快确立自己的奋斗目标。目标是激发人的积极性、产生自觉行为的动力。很多中学生只把考上大学作为中学学习的目标，对大学生活缺乏长远的打算，从而使大学生活变得空虚、乏味。殊不知现在的就业压力非常大，只有在大学期间好好规划，使自己的能力有大的提高，将来才能在社会上立足。

其次，把握大学的学业。学业是大学生立身之本，是大学生应当集中精力努力掌握的知

识、能力、素质体系。人生也许很长，但只有大学这几年是可以让人充分、自由地学习的时期，过了这个阶段就再也难有了。参加工作后，要么有心情没时间，要么有时间没心情。因此，绝不可以因为学的东西暂时不能发挥作用，或者自己不喜欢这个专业而不去学习。大学生的天职是学习，大学是学习的天堂。在大学多学习专业知识和技能，多锻炼个人能力，四年后走上社会就能多一份踏实和从容。

最后，主动积极地面对大学丰富多彩的课余生活。除了日常的学习外，大学生还有各种各样的讲座、社团活动、学术报告、社会实践活动、娱乐活动等。课余生活在当代大学生的精神生活中占据着非常重要的地位，对他们的世界观、人生观、价值观的形成及成长成才具有举足轻重的作用。丰富的课余生活一方面能使大学生缓解学业带来的压力；另一方面可以培养兴趣、促进交往、锻炼综合素质，在做事中获得充实和自我实现感。

（四）勇敢面对挫折，学会主动求助

相关链接

刘某是一名男生，学习优秀，性格开朗。从小到大刘某一直生活在幸福的家庭中，考入大学后，曾被评为"三好学生"，还担任了班干部。但后来在一次班干部的评选中他落选了，又在一次组织全班同学去春游的活动中不顺利，引起一些同学的抱怨，他觉得无法忍受，认为大家都在与他作对。此后，他变得沉默寡言，每日闷闷不乐，学习也受到了影响，最后来到了学校的心理咨询室。

有人将"80后""90后"形容为"草莓"，何谓"草莓"？即外表光鲜，内心酸涩，遇到一点风雨，很快就会腐烂，这说的是他们的抗挫折能力弱。在大学期间，一些挫折是不可避免的，而面对挫折，不同的人会有不同的反应。挫折既会给人以打击，带来损失和痛苦，但也能使人奋进、成熟，在磨炼和考验中变得坚强起来。

大学生遇到挫折，要学会勇敢面对，也要学会主动求助。求助是一种能力，求助渠道有：亲人和朋友，阅读心理自助类图书，学校的心理咨询中心，学校或者社会上的心理热线，社会上的心理咨询机构，医院的心理门诊或专门的精神医院等。

三、提高社会适应能力

社会实践是增强大学生社会适应性的重要环节，它能验证、巩固、深化学生在课堂上学到的理论知识，促使学生运用所学知识和已具备的能力去分析问题、解决问题，加速知识向能力的转变。

社会实践能使学生脱离传统的"在家靠家长，在校靠教师"的依赖性，使大学生的自立能力得到强化，帮助大学生了解自己的社会位置和将担负的社会责任，了解我们国家和民族的历史，增强民族自豪感、自尊心和责任感，从而合理调节自我期望值，纠正自我意识偏差和失误，缩短与现实社会的距离。社会实践还能培养大学生行动的自觉性、果断性、自制力，增强挫折承受能力和自控能力，从而增强其社会适应能力。

相关链接

  2009年4月，大连理工大学组织了51名在校学生分三批到沙河口区星海湾街道的9个社区挂职社区居委会主任助理。一年后，"社区居委会主任助理"成为大连理工大学大学生社会实践的金牌项目。在首期社区主任助理挂职招聘中，星海湾街道收到了2 000多份报名表，340多人参加了考试，而且有1/3是研究生，是什么让大学生如此钟情于社区挂职锻炼？

  郝琦是大连理工大学国际经济与贸易系专业四年级学生，2009年暑假她在星海湾街道连山社区进行了全职的社区主任助理挂职锻炼，对社区有了全新的感受。用她自己的话说，她已完全喜欢上了这里。郝琦在工作日记中写道："来到社区的第一天，蔡华主任就拿出了社区地图，给我介绍社区情况，对每条街、每个小区的情况，主任都能够倒背如流。这一刻我明白，做任何事，要做到精，要踏踏实实去做。""社区居委会虽然有固定的地点，但真正的办公室其实是在整个社区，工作过程让我切身体会到社区工作的内涵，教会了我们怎样讲话、怎样看待问题、怎样处理问题。""离开社区的那天，我也真正明白了，对待社区工作的态度，应该是热爱与踏实，这是我最佩服的社区工作者身上的品质。"

  郝琦的话说出了大学生的共同感受，也从一个侧面反映了大学生在社区挂职锻炼中成长的心路历程。在化物所社区挂职锻炼的万劢说："难忘的社区挂职经历告诉了我何为恪尽职守，何为无私奉献，何为坚忍不拔，引导我怎样设身处地地为他人着想，我们也明白了老百姓的需求就是民生。"社区挂职锻炼同时也在潜移默化中提高了学生的综合素质。今年毕业的材料专业的本科生王燕荣，因为有过社区挂职锻炼的经历，找到了理想的工作，她说："面试官能从300多份简历中把我的简历挑出来，除了看重我的综合素质外，我想还是我的社区主任助理的工作经历吸引了他们。同时，社区挂职锻炼的经历，也让我面对各种困难时不再显得慌乱和无所适从，在应聘面试时，我更加从容。"

  由此不难看出，社区挂职锻炼对大学生的吸引力，不仅仅是因为社区挂职锻炼岗位固定，工作职责综合性强，更是因为它能够全面提高学生的综合素质，是对学生通才教育的一种灵活形式。为此，大连理工大学还将学生社区挂职锻炼正式列为学生的社会实践积分。星海湾街道负责人说，社区挂职锻炼这一形式，让学生提前体验了社会生活，增强了社会适应能力，使学生从校园人向社会人的转变更加顺利，同时也给社区工作增加了新的活力，从这个意义上说，大学生社区主任助理挂职锻炼实现了双赢。2009年7月，挂职锻炼的学生组团到济南考察安全社区建设，完成了高质量的调研考察报告。学生们提出的关注心理安全的理念和实施方案，都在星海湾街道创建国际安全社区工作中付诸实施，取得了良好的效果。

（选自：《大连日报》，http://www.dlxww.com）

四、树立正确的道德观

（一）增强道德观念意识

  胡锦涛总书记于2006年3月4日在看望出席全国政协十届四次会议委员时提出来的

"以热爱祖国为荣,以危害祖国为耻;以服务人民为荣,以背离人民为耻;以崇尚科学为荣,以愚昧无知为耻;以辛勤劳动为荣,以好逸恶劳为耻;以团结互助为荣,以损人利己为耻;以诚实守信为荣,以见利忘义为耻;以遵纪守法为荣,以违法乱纪为耻;以艰苦奋斗为荣,以骄奢淫逸为耻"的重要论述,涵盖爱国主义、集体主义、社会主义思想,体现了中华民族传统美德和时代要求,反映了社会主义世界观、人生观、价值观,是新形势下社会主义思想道德建设的重要指导方针。大学生应用科学的理论武装自己,以八荣八耻的社会荣辱观为参照,确立正确的人生观和价值观,以增强明辨是非的能力。大学生所处的时代和生活环境,必然面临许多是非问题,这其中既有政治上的大是大非问题,也有日常工作、生活中做人的是非问题。什么观点正确、什么不正确,什么事能干、什么事不能干,大学生都应该有正确的判断。

(二)注重道德修养

道德修养是以科学的人生观指导个体的人生实践,在社会实践中自觉地自我锻炼,在推动社会发展的过程中不断地自我塑造和自我完善。重视道德是做人之本,古人云"修身、齐家、治国、平天下",修身永远是第一位的。道德修养高的人,其人格魅力是自内而外的自然流露。新时代的大学生要谨慎地对待自己的言行,把道德修养时刻牢记在心中、行动在脚下。

成长感悟

全民健康生活方式行动倡议书

健康是人的基本权利,是幸福快乐的基础,是国家文明的标志,是社会和谐的象征。在全面建设小康社会过程中,我国人民的健康水平明显提高,精神面貌焕然一新。然而,社会发展和经济进步在带给人们丰富物质享受的同时,也在改变着人们的饮食起居和生活习惯。与吸烟、酗酒、缺乏体力活动、膳食不合理等生活方式密切相关的高血脂、高血压、高血糖、肥胖等病症已成为影响我国人民健康素质的大敌。

面对不断增加的生活方式病,药物、手术、医院、医生的作为受到限制,唯一可行的是每个人都从自己做起,摒弃不良习惯,成为健康生活方式的实践者和受益者。为此,卫生部疾病预防控制局、全国爱国卫生运动委员会办公室与中国疾病预防控制中心以"和谐我生活,健康中国人"为主题,共同发起全民健康生活方式行动,并向全国人民倡议:

一、追求健康,学习健康,管理健康,把投资健康作为最大回报,将"我行动、我健康、我快乐"作为行动准则。

二、树立健康新形象。改变不良生活习惯,不吸烟,不酗酒,公共场所不喧哗,保持公共秩序,礼貌谦让,塑造健康、向上的国民形象。

三、合理搭配膳食结构,规律用餐,保持营养平衡,维持健康体重。

四、少静多动,适度量力,不拘形式,贵在坚持。

五、保持良好的心理状态,自信乐观,喜怒有度,静心处事,诚心待人。

六、营造绿色家园,创造整洁、宁静、美好、健康的生活环境。

七、以科学的态度和精神,传播科学的健康知识,反对、抵制不科学和伪科学信息。

八、将每年的9月1日作为全民健康生活方式日，不断强化健康意识，长期保持健康的生活方式。

让我们在追求健康的生活方式中实现人与自然的和谐相处，愿人人拥有健全的体格、健康的心态、健壮的体魄，实现全面发展，拥有幸福生活！

(选自：卫生部2007年11月7日)

第三节　回顾大学　迎接未来

一、大学生活回顾

难忘的大学生活就要结束了，校园中永远记录下了你的成长足迹。让我们一起来回顾你的大学生活，感悟青春、感悟成长，准备扬帆起航，向你理想的目的地进发。

最自豪的事：
最后悔的事：
如果重回大一，最想做的几件事： 1. 2. 3. 4.
成长感悟：

二、大学生活留言

写给母校：

写给老师：

写给同学：

写给大学生活：

走过大学生活，告诉自己：

三、初入职场探索

做好从大学生到职业人的角色转换准备。
大学环境和工作环境的差异：

大学环境	工作环境
1.	1.
2.	2.
3.	3.
4.	4.
5.	5.

老师和老总对我们期待的差异：

老师	老总
1.	1.
2.	2.
3.	3.
4.	4.
5.	5.

大学学习过程和工作学习过程的差异：

大学学习过程	工作学习过程
1.	1.
2.	2.
3.	3.
4.	4.
5.	5.

测试——职业成熟度

根据你的实际情况，请对下列陈述选择适当的选项。

陈述	得分	很赞同	赞同	难以判断	不赞同	很不赞同
		5	4	3	2	1
1. 我知道我的条件适合从事什么职业。						
2. 我会搜集有关职业选择的参考资料。						
3. 我清楚一些职业的薪水待遇。						
4. 我对未来充满信心。						
5. 我会利用时间读一些与未来工作有关的书。						
6. 我的工作能力不比他人差。						
7. 当学习碰到困难时，我会想办法解决。						
8. 我会向朋友打听有关职业的消息。						
9. 我能够冷静、沉着地判断事物。						
10. 选择工作时，首先应该考虑自己的兴趣。						
11. 我会留意国际经济发展的趋势。						
12. 找工作时，只要听专家的意见就对了。						
13. 我会在自己的能力范围内，选择自己感兴趣的职业。						
14. 自己感兴趣的工作，就算薪水不高，我也愿意做。						
15. 我会注意报纸、杂志上有关职业的报道。						
16. 我难以自己做决定。						
17. 我确定我有能力从事自己感兴趣的职业。						
18. 我知道现在社会上最需要的是什么人才。						
19. 我怀疑自己选择职业的能力。						
20. 我会保存有用的职业资料。						
21. 我对自己很有信心。						
22. 找不到第一志愿的工作，我乐于接受第二或第三志愿的工作。						
23. 我会直接向公司或工厂索取相关的职业资料。						
24. 我认为选择工作的时候有必要考虑外在环境的影响。						
25. 事情决定以后，通常我不会轻易后悔。						
26. 我勇于表达自己的看法。						
27. 我会注意媒体报道的职业消息。						

续表

陈述	得分	很赞同	赞同	难以判断	不赞同	很不赞同
		5	4	3	2	1
28. 由于技术变化太快,就业前不必有太多准备。						
29. 薪水高又不必负责的工作最好。						
30. 我会将各种有关职业的资料加以分类、整理。						
31. 我会尽可能选择和自己专长相关的职业。						
32. 选择职业时,我会优先考虑声望较高的职业。						
33. 我会留意相关职业的发展动向。						
34. 选择工作时,只要瞄准市场上最热门的工作就对了。						
35. 我对许多工作好像都有兴趣,又好像都没兴趣。						
36. 我不清楚我感兴趣的职业需要哪些专业能力。						
37. 靠工作收入养活自己比较有尊严。						
38. 我抱着随时换工作的心态。						
39. 从事一种职业,成不成功全靠机运,不必考虑太多。						
40. 我清楚一些职业的发展机会。						
41. 我知道我的条件不应该从事什么职业。						
42. 我清楚一些职业的工作环境。						
43. 我会列出我感兴趣的所有工作,作为职业选择的参考。						
44. 我实在很难决定自己要做什么工作。						
45. 找工作时,我会先考虑薪水多少,再考虑有没有发展。						
46. 每一个人要从事什么职业都是命中注定的。						
47. 我不清楚从事我感兴趣的职业应该具备什么条件。						
48. 想到选择就让我烦恼。						
49. 我不了解为什么有些人能够那么确定自己的职业兴趣。						
50. 我知道现在哪种行业最不容易找到工作。						
51. 没有家人、朋友的支持,我自己实在很难选定一种合适的工作。						

评分提示:对应的计分题目序号如下表,按照题号把每题的得分加起来(题号前有"-"的反向计分)就是每一方面成熟度的总分,总分除以题目数就是每一方面成熟度的平均分。

结果分析:平均分最低为1,最高为5。一般而言,低于3,就是欠成熟的;高于3,则是较成熟的。

成熟度指标	题号						总分	平均分
信息应用	2	5	8	20	23	30		
职业认知	3	18	-36	40	45	43		
自我认知	4	6	10	17	-35	-49		
个人调试	7	11	15	27	33	-38		
职业态度	-12	21	-28	-39	-46	-51		
价值观念	13	14	31	-29	32	37	-45	
职业选择	9	-16	-19	25	26	-44	-48	
条件评估	1	22	24	-34	41	-47	50	

职场知识加油站

给即将迈向职场的青年朋友们的几点建议

◆ 调整状态

如何在众多人才中脱颖而出，独树一帜，这要求初次涉入职场的大学生们，首先要调整好状态，用最好的精神面貌面对即将到来的挑战。

对一个人来说，状态是极为重要的，一个人精神状态好，对工作、事业、学习都有很大帮助。状态不等于心态，而是包括心态在内。状态涉及的方面非常多，主要包括三个方面：体力、精力和心态。

体力主要是针对身体是否健康，睡眠是否充足。精力就是精神，也就是指对于一件事情的兴趣和热情。心态主要指对待某件事情的指导思想。在大多数情况下，态度决定一切。

在工作中，这三者在重要性上是并列的关系，彼此没有主次之分，但彼此之间相互关联、相互依存。三者间是否互为充要条件也不一定，这要根据个人的具体情况来定，就一般人而言，是彼此互通的。

（1）体力。三者之中，体力往往不太为大众所重视，从年轻人的角度来看，都认为自己身体有底子，无所谓。其实不然，体力是由饮食、睡眠、锻炼三方面组成的，这三方面共同维系个人的身体健康。所以，希望大学生在即将迈步工作之前合理安排日常生活，使生活习惯尽量规律化。

（2）精力。如何保持对于工作的热情和兴趣？一般有两个方法：一是预防，即制订合理的、切实可行的工作和生活计划，并在制订计划的过程中，理顺自己的思路，安抚自己的心绪；二是放松。预防和放松相结合，可以保证兴趣始终在一个相对稳定的层次上。兴趣是动力，保持兴趣的最大动力就是在切实努力以后所取得的进步和成果。

（3）心态。心态作为指导思想，就是怎样看待所面对的就业问题、怎样看待所要面对的各种情况。可以说，有人把就业当成思想包袱，有人对待就业却激情四射、斗志昂扬。无论是何种心态，就业是每个人都不得不面对的事情。

◆ 摆平心态

摆平心态即达到心理平衡，对即将就业的大学生来说，是必须正视的一个节点。既不心安理得地满足现状，又不怨天尤人，或安于现状。

一个人若是完全满足现状，那就无所追求，马马虎虎，混着度日，所以要学会不满足现状。一切进步都是从不满足开始的。然而，黑格尔说，存在即合理。一个人处于就业的状态，不论他自己满意不满意，都是将既有的经历和过程积累的结果。若要打破它、改变它，不是任凭随心所欲，说变就能变得了的。要想愉快工作、愉快生活，就要"既不满足现状，又安于现状"。

"既不满足现状，又安于现状"有点二律悖反的味道，看起来自相矛盾，实则是相辅相成的。若不能安于现状，心浮气躁，急于求成，那么不仅不能打破现状，而且连现在平常、安稳的日子也过不成，只能在苦恼、彷徨、恐惧、忌妒中生活或挣扎，那样才烦恼至极，苦不堪言。摆脱这种处境首先要做到的一点，就是摆平心态。

摆平心态，首先就是不要盲目攀比。一些不具备主观条件的人，没有优越的背景，没有好的条件，没有超人的能力和骄人的成绩，凡此种种，就要学会心安理得与心境平和。依靠自己的能力得到的，才是真正属于自己的。

其次是正视与人的差异，不要想入非非。人与人之间的差异是客观存在的。命运是由各人的先天和后天的条件铸成的。经过努力，可以有条件地去改变它，甚至有意想不到的收获。但是，大多数人还将是处于一般状态，这是必须正视的。若能改变，变得更好，那是求之不得的，应该高兴；若是依然如我，变化不大，也不必自卑，因为社会的结构就是这样的。

最后要学会满足，不去攀比。人们不能安于现状，除了为国为民外，还有重要的一点，就是企图得到丰厚的报酬，以便享受日新月异的高科技带来的丰富多彩的物质生活。做到这点要从实际出发，要自觉降低自己的享受欲，要学会量入为出，恰当地使用自己的财富。否则，得陇望蜀，贪得无厌，吃着碗里的看着锅里的，眼高手低，工作没了激情，生活也不见得有味。

◆ 放低姿态

放低姿态，就是要求同学们抛开从前的所有，把头低下来，虚心求教，认真领悟。无论昨天有多么辉煌与荣耀，今天都是一个新的开始。所以，今天学会放低姿态，就是一个良好的开端。

华西村老书记吴仁宝在和大学生村干部开座谈会时说："城市少一个大学生不算少，农村多一个大学生不得了。"到基层去，服务农村，是时代呼唤，是前景广阔的选择。

◆ 处世常态

如果一个人在被乖违和不顺所缠绕和困扰的时候，心情很难如正常的时候一般平静。失去以往为人处世的一贯常态，所作所为都违背自己的原则，却控制不了这一切的发生，被人误解，与人抵触。越是烦恼，越会被烦恼困扰。

大学生的实习阶段是一个积累的过程，是思想意识发生改变、走向成熟的过程。在这个时期，给一个人一生的思想提供了加油站和助力器，有可能因此就有机会看到希望的曙光，成就自己的理想和事业。所以，在实习期的日常工作与为人处世中，大学生要时刻保持一颗平常的心，考验和考察时刻都会降临。把一根弦紧绷着，虽然对增加内心的紧迫感和紧迫意识有所鞭策，也更容易在以后的工作中被懒惰意识击溃而松懈下来。

思想是行为的先导。在思想上没有树立接受考验、不断奋斗的意识，就很难保持积极向上、不断进取的人生态度。时刻保持实习期的紧迫意识，就要不断增加对自身的忧患意识和责任意识，接受工作中随时而来的每一个考验。

实习期要时刻保持追求状态。实习期的追求状态，是对美好事物的向往和追求，是面对任何困难和挫折所表现出来的不屈不挠的心理。坚持实习期的追求状态，就是要用一种乐观、积极的心态去面对困难和挫折。机遇总是偏爱有准备的人。时刻保持良好状态，就是对自己的人生拥有美好的向往，并愿意为之付出努力和行动。时刻保持良好状态，也许暂时还看不到光明，但绝不会失去希望。

◆ 摸清情态

在一个行业做一段时间，自然对自己所做的事情要达到"门儿清"的地步，不要求达到炉火纯青，但是做到得心应手应该不难。对待工作，在这里给出两条建议：

一是把工作当成自己的恋人。对待工作要热情，如同对待自己的恋人，大部分人可以把以往的"经验"照搬过来，细心、谨慎、全面地对待自己的工作。摸清"套路"之后，后面的相处自然顺风顺水，水到渠成。

二是把工作当成商场战争中的敌人。对待敌人，要像秋风扫落叶，要苛刻、严谨、一丝不苟，并且要不遗余力。狠挖节点，突破"瓶颈"，在实践中实现升华。

摸清情态，就有了水手航行中的灯塔，就有了研究者手中的放大镜。不管是采取大规模的调研，还是解剖麻雀式的测试，都必须确保结果的客观和准确，并且能准确地揭示出根本问题。

由此可见，大学生迈出校园初涉职场，要调整状态、摆平心态、放低姿态、处世常态、摸清情态。做好以上几点，方能从心会意、恣意婀娜、尽态极妍、畅所欲言。

四、职业生涯规划

自我认知：

个人基本情况					
姓名		性别		出生年月	
年龄		死亡预测		尚余时间	
自我评价					
性格特征		优势性格特征		劣势性格特征	
1.		1.		1.	
2.		2.		2.	
3.		3.		3.	
4.		4.		4.	

续表

自我工作、生活经历分析表				
工作或生活经历	时间、地点和内容	积累的经验	培养的能力	取得的成绩

自我知识、技能分析表		
具备的专业、知识技能、专长	关键词	达到的水平或取得的成绩

与目标职位联系紧密的个人优势			
	关键词	能说明此项优势的具体事例	能对目标公司做出的贡献
优势	优势一		
	优势二		
	优势三		

个人职业发展的SWOT模型分析			
	优势因素（S）		弱势因素（W）
内部	1. 2. 3.		1. 2. 3.
	外部机会因素（O）		威胁因素（T）
外部	1. 2. 3.		1. 2. 3.

人　生　目　标

职业目标：

技术等级目标：

收入目标：

社会影响目标：

重大成果目标：

其他目标：

人生目标通道：
（1）图示：

□ ⇒ □ ⇒ □
　　　　　　　⇓
□ ⇐ □ ⇐ □

（2）简要文字说明：

长 期 目 标 (10 年以上)

职业目标：

岗位目标：

技术等级目标：

收入目标：

重大成果目标：

其他目标：

长期目标通道：
(1) 图示：

```
[    ] ⇒ [    ] ⇒ [    ]
                      ⇓
[    ] ⇐ [    ] ⇐ [    ]
```

(2) 简要文字说明：

实现目标需要进行的准备与积累：

中 期 目 标 (5~10年)

岗位目标：

技术等级目标：

收入目标：

其他目标：

中期目标通道：
(1) 图示（较详细）：

(2) 简要文字说明：

实现目标需要进行的准备与积累：

短 期 目 标 (1~5年)

岗位目标：

技术等级目标：

收入目标：

其他目标：

短期目标通道：
(1) 图示（较详细）：

□ ⇒ □ ⇒ □

(2) 简要文字说明：

短期计划细节：
(1) 短期内要完成的主要任务、时间：

(2) 有利条件：

(3) 可能发生的意外与应急措施：

现在我应该做：

五、大学毕业寄语

李嘉诚在汕头大学 2004 届毕业生典礼上的讲话

各位校董、各位校领导、各位嘉宾、老师们、同学们：

　　这一刻肯定是你们感到兴奋的时刻，你们认真学习，完成了人生一个重要阶段，要踏上一个新的台阶。这几个晚上，我在校园里，都能感受到你们的雀跃。你们是幸运的一代，我很替你们高兴，我谨代表校董会、每一位校董和顾问，向你们致以衷心的祝贺。

　　每当我们要展开新的一页，追求一个新的梦想，编织一个新的希望时，我们都需要思考：Are you ready? Do you have what it takes?

　　当你们梦想伟大成功的时候，你有没有刻苦的准备？

　　当你们有野心做领袖的时候，你有没有服务于人的谦恭？

　　我们常常都想有所获得，但我们有没有付出的情操？

　　我们都希望别人听到自己的说话，我们有没有耐性聆听别人？

　　每一个人都希望自己快乐，我们对失落、悲伤的人有没有怜悯？

　　每一个人都希望站在人前，但我们是否知道什么时候甘为人后？

　　你们都知道自己追求什么，你们知道自己需要什么吗？

　　我们常常只希望改变别人，我们知道什么时候改变自己吗？

　　每一个人都懂得批判别人，但不是每一个人都知道怎样自我反省。

　　大家都看重面子，but do you know honor?

　　大家都希望拥有财富，但你知道财富的意义吗？

　　各位同学，相信你们都有各种激情，但你知不知道什么是爱？

　　这些问题，没有人可以为你回答，只有你自己才知道你将会怎样活出答案。这四年来你得来的知识，可助你在社会谋生，但未必可以令你懂得如何处世。只有你知道，你将会怎样运用脑袋内的知识素材，转化为做人的智慧。生长与变化是一切生命的定律，昨天的答案未必适用于今天的问题，只有你的原则才是你生命导航的坐标，只有你的情操才是你鼓舞生命的力量。没有人可以为你打造未来，只有你才知道怎样去掌握。各位同学，are you ready?

　　谢谢大家。

参考文献

[1] 邹放鸣,赵跃民. 大学生涯导论[M]. 北京:中国矿业大学出版社,2003.
[2] 冯刚. 大学,梦起飞的地方[M]. 北京:清华大学出版社,2005.
[3] 杨东平. 大学精神[M]. 上海:文汇出版社,2003.
[4] 邱德雄,吴停风. 也谈"大学"之"大"[J]. 当代教育论坛(校长教育研究),2007(4):103-104.
[5] 胡礼祥. 成功跨越:从中学到大学[M]. 杭州:浙江人民出版社,2007.
[6] 陈少华. 我的大学,我做主[M]. 北京:中国财政经济出版社,2008.
[7] 金雁. 现代大学生活:内涵、主题及主要特征[J]. 中国高教研究,2008(11):77-78.
[8] 万素英. 大学生生活质量调研报告[M]. 北京:人民出版社,2005.
[9] 任羽中,张乐. 完美大学必修课[M]. 北京:人民出版社,2007.
[10] 覃彪喜. 读大学究竟读什么[M]. 广州:南方日报出版社,2008.
[11] 徐飞. 放飞青春——大学生活导引[M]. 北京:中国人民大学出版社,2004.
[12] 郝贵生. 大学生学习理论与方法[M]. 北京:人民出版社,2010.
[13] 陈刚. 大学学习学[M]. 上海:上海科学技术出版社,2004.
[14] 戴翰林. 学习的科学[M]. 北京:中国矿业大学出版社,2004.
[15] 刁生富. 学会学习:大学生学习心理与学习方法[M]. 广州:暨南大学出版社,2002.
[16] 王乐. 大学生社团:理论管理案例[M]. 北京:北京理工大学出版社,2007.
[17] 冯艾,范冰. 大学生社会实践导读[M]. 北京:社会科学文献出版社,2005.
[18] 阮俊华. 知行合一·实践报国——大学生从社会实践走向成功[M]. 杭州:浙江大学出版社,2009.
[19] 刘平. 大学生创业教程——理论与实践[M]. 北京:清华大学出版社,2009.
[20] 张明. 学会人际交往的技巧[M]. 北京:科学出版社,2006.
[21] 胡邓. 人际交往从心开始[M]. 北京:机械工业出版社,2008.
[22] 汪海燕. 走进阳光地带[M]. 武汉:华中师范大学出版社,2004.
[23] 柳圣爱. 大学生人际关系与团体心理咨询[M]. 武汉:武汉大学出版社,2009.
[24] 郑日昌. 大学生心理诊断[M]. 济南:山东教育出版社,1999.
[25] 孙洪亮. 大学新生人际关系特点与自我调适[J]. 辽宁农业职业技术学院学报,2006(3):48.
[26] 戈夫曼. 日常生活中的自我表演[M]. 昆明:云南人民出版社,1998.
[27] 唐凯麟. 伦理学[M]. 北京:高等教育出版社,2001.
[28] 傅敏. 傅雷家书[M]. 上海:生活·读书·新知三联出版社,1990.
[29] 罗国杰. 思想道德修养[M]. 北京:中国人民大学出版社,2002.

[30] 贾晓明. 大学生心理健康 [M]. 北京：北京理工大学出版社，2009.
[31] 彭晓玲，柏玮. 大学生全程全面心理辅导 [M]. 北京：清华大学出版社，2008.
[32] 张云. 大学生心理健康向导 [M]. 上海：华东师范大学出版社，2007.
[33] 时晓红. 试论高校图书馆与大学生心理健康教育 [J]. 安徽农业大学学报（社会科学版），2005（3）：142－144.
[34] 余德锋. 浅析大学生安全教育存在的问题与对策 [J]. 安徽科技学院学报，2006（2）：94－96.
[35] 陈耀辉，游金辉. 论高校安全教育的重要作用 [J]. 内江师范学院学报，2004（3）：112－113.
[36] 张振笋. 大学生职业发展手册 [M]. 长春：吉林大学出版社，2016.
[37] [美] 戴夫·埃利斯. 优秀大学生成长手册 [M]. 北京：科学出版社，2013.
[38] 杨清平. 大学生创业·就业案例教程 [M]. 长沙：国防科技大学出版社，2011.
[39] 甘静. 大学生职业生涯规划 [M]. 北京：首都师范大学出版社，2015.
[40] 张亚. 大学生入学教育 [M]. 天津：南开大学出版社，2018.